회사 정치학

사람지옥편

회사 정치학 사람지옥편

발행일 2016년 11월 11일

지은이 사고하는 사람들
펴낸이 손 형 국
펴낸곳 (주)북랩
편집인 선일영 편집 이종무, 권유선, 안은찬, 김송이
디자인 이현수, 김민하, 이정아, 한수희 제작 박기성, 황동현, 구성우
마케팅 김회란, 박진관
출판등록 2004. 12. 1(제2012-000051호)
주소 서울시 금천구 가산디지털 1로 168, 우림라이온스밸리 B동 B113, 114호
홈페이지 www.book.co.kr
전화번호 (02)2026-5777 팩스 (02)2026-5747

ISBN 979-11-5987-282-2 03320(종이책) 979-11-5987-283-9 05320(전자책)

이 도서의 국립중앙도서관 출판예정도서목록(CIP)은 서지정보유통지원시스템 홈페이지(http://seoji.nl.go.kr)와 국가자료공동목록시스템(http://www.nl.go.kr/kolisnet)에서 이용하실 수 있습니다.
(CIP제어번호 : CIP2016026628)

회사 정치학

사람지옥편

사내정치의 희생양이
되지 않으려면 꼭 봐야 할
'미생'들의 생존 매뉴얼

| 사고하는 사람들 지음 |

북랩book Lab

집필에 도움을 주신
심리학자 はなこ 님에게
이 책을 바칩니다.

힘을 갖지 못한 정의는 무력하다.
우리는 정당한 것을 강하게 만들 수가 없어서,
강한 것을 정당한 것으로 만들었다.

- 블레즈 파스칼 -

/ 들어가는 말 /

오늘도 회사에서 하루하루 생존하기 위해 전력 질주하는 당신. 입사 후부터 지금까지 계속 느껴지는 것이 하나 있겠지만, 혹시 언젠가부터 회사 안에서 계속 속고 사는 것 같지 않으신지요? 회사 사람들의 교묘한 거짓말에 자꾸만 손해를 보는 것 같은 이 느낌. 능력은 없지만 아부를 잘 떠는 당신의 입사동기는 라인을 잘 타서 동아줄을 부여잡고 쭉쭉 올라가기만 하는데, 정작 자신은 선배들과의 회식자리에서 임팩트 있는 모습을 보여주지 못해서 아무리 업무를 완벽히 처리해도 인성이 안 좋다는 둥 말도 안 되는 뒷담화의 대상이 되어 버립니다.

더러운 사내정치의 희생양이 되어 노력에 상응하는 정당한 대접을 받지 못하는 당신이라면, 이 책이 필요할지도 모르겠습니다. 요새 아이들에게 뭐가 되고 싶으냐고 묻는다면 이런 대답이 흔하게 나온다고 합니다.

"장래희망은 공무원,
꿈은 건물주입니다."

터무니없는 소리라고 아이들을 나무라고 싶지만, 생각해 보면 그들만큼 우리 사회를 꿰뚫어 보는 통찰력도 없는 것 같습니다. 그만큼 이 사회가 안정적이지 못하며 살아가기 힘든 세상이기 때문입니다. 사람지옥에 갇혀 숨 막히는 사회를 살고 있는 현세대를 보며 우리 아이들이 깨우친 혜안이겠지요.

삶의 목표가 건물주이되 차선은 공무원이라는 것은 그만큼 한국에서 평범한 회사원만큼은 되기 싫다는 것입니다. 생활비라는 인질을 잡힌 채 악마 같은 사람들에게 갑질을 당하며 살얼음을 걷는 인간관계를 수십 년간 유지해 나가야 하다니…. 게다가 언제 정리해고를 당할지는 누구도 알지 못합니다. 이런 상황에서는 스티브 잡스라도 안정성과 자율성이 높은 건물주나 공무원이 되고 싶을 겁니다. 어렵기만 한 인간관계 속에서 남의 눈치를 안 봐도 되는 것이 바로 건물주라는 직업이고, 그나마 안 되는 능력 범위 안에서 평범한 사람들이 도전해 볼 만한 직업이 공무원이기 때문입니다.

이 책의 주 대상 독자층은 회사생활에 의문을 품는 현대사회의 많은 한국인들입니다. 우리나라의 특성상 여러 사회경제적인 요인으로 인해 회사생활에 부담을 느끼는 사람들이 많은 것은 엄연한 사실입니다. 매일 그만두고 싶다는 생각을 하지만 퇴직 후 살아갈 걱정은 막막하기만 합니다. 이런 불안한 지세에서 살아남을 방법은 없는 것일까요?

학교생활을 마치고 기업이라는 사회생활로 진입할 때, 누구나 한 번쯤은 "나는 이 회사의 임원이 되겠어, 못해도 부장쯤은 반드시 될 거야"라고 거창한 다짐을 해 봅니다. 하지만 입사 후 얼마 지나지 않아 부조리한 현실의 벽에 부딪히곤 하지요.

유명한 수학자 파스칼은 정의(正義)는 힘이 없다고 했습니다. 다만 강한 것이 정의가 된다고 말합니다. 아무리 비참한 현실이라도 생존하고 싶으면 우리 스스로 강해지라는 뜻입니다. 강해지려면 회사 내에서 나를 힘들게 하는 존재들을 교묘히 다루어 해결책을 늘 탐구하는 경계태세가 필요합니다. 권력암투와 음모가 판을 치는 숨 막히는 사내정치 속에서 자신의 의도와는 상관없이 체스판의 말로 이용당하며 팽(烹)당하지 않고 싶으면, 이 책을 통해서 살아남을 수 있는 비법을 찾아봅시다.

상황은 조금씩 달랐겠지만 놀랍게도 고대의 우리 선조들도 우리와 같은 고민을 한 흔적이 보입니다. 이 책에서는 고전을 통해 생존하는 비법을 찾아보고자 합니다. 르네상스 시대의 저명한 저술가 마키아벨리, 고대 역사 속의 영웅들, 그리고 동양철학사 속 현인들의 지혜를 빌리겠습니다. 또한, 현대과학의 산물인 행동심리학의 도움도 얻고자 합니다.

비록 회사 내에서는 정의(正義)를 높게 곧추세우지는 못하더라도 최소한 악의 무리에게 이용당하지 않고 살아가는 지혜를 얻어 봅시다. 당신을 못 잡아먹어서 안달인 늙은 여우들 사이에서 당신을 보호할 수 있는 최소한의 방어 도구를 갖춰 나갑시다. 당신의 생존을 위하여 이 책을 바칩니다.

사고하는 사람들 올림

/ 차례 /

제3부 기술

제 1 부

시작

이 땅의 모든 회사원님들에게

'삐리리리리'

내 자리로 전화가 온다. 받아보니 영 좋지 않은 느낌의 중년남자 목소리다. 그렇다. 나의 팀장님이시다. 내가 저지른 실수로 인해 거래처에서 불쾌한 경험을 하였다고 한다. 특유의 듣기 싫은 짜증 섞인 말투로, 가청주파수를 넘어서는 헤르츠로 날 괴롭힌다.

"잘못했습니다." 아무 생각 없이 나는 거의 자동으로 대답한다. 엄밀히 따진다면 사실 내가 잘못한 일은 아니지만, 하며 스스로 자위해본다. 이런 경우 나는 굴욕적일 수밖에 없다.

아직은 괜찮다. 버틸 만하다. 하지만 최소한 10년 넘게 이 일을 계속해야 한다 생각하니 문득 마음에 구름이 쌓인다. 받았던 불만전화의 무거움을 염두에 두고, 나라는 한 인간의 존재와 나라는 한 인간이 더듬어 갈 길에 대해 생각해 본다.

그리고 그 같은 사고가 도달하게 되는 한 지점.

"나는 살아남고 싶다."

'헬조선' 젊은이들은 이 나라의 국호를 이렇게 부릅니다. 이 사회가 지옥과 같이 힘든 구시대의 봉건사회였던 조선시대를 연상케 해서일까요. 하지만 이 단어에는 어폐가 있습니다. 지옥에는 죄를 지은 사람들이 갑니다. 하지만 우리는 죄가 없는데 왜 지옥에 있는 걸까요?

이러한 시대에 당신은 높은 경쟁률을 뚫고 당당하게 회사에 입사했습니다. 그러나 그렇게 어렵게 들어온 회사이건만, 이 회사 조직에는 기술개발과 회사발전에 힘쓰는 이는 적고, 오직 사내정치에만 몰두하며 지나친 감정대립, 책임회피, 약육강식, 음모, 경쟁자 제거, 계략 꾸미기, 부하 괴롭히기, 줄 세우기 등등에만 힘쓰는 정치가 선생들만 난무합니다.

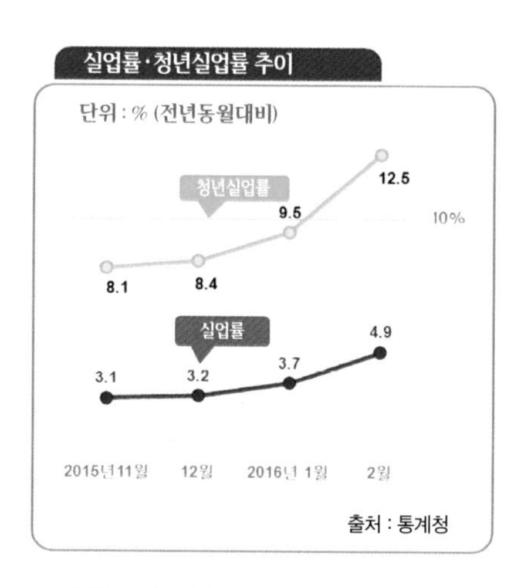

급증하는 실업률

극한의 환경에서 생존하고 있는 이 나라의 회사원들은 사직서를 내던지고 초야로 돌아갈 수도 없습니다. 생활비라는 담보를 회사에 저당 잡히고 있기 때문입니다. 급히 막아야 하는 카드값, 매달 찾아오는 아파트 대출이자, 부모님 병원비 등등 현대 자본주의 사회는 당신의 현금을 끊임없이 요구합니다. 과연 헬조선국의 신민(臣民)들에겐 살아남을 수 있다는 희망조차 없는 걸까요.

지금으로부터 약 500년 전 중세유럽 피렌체의 저명한 정치행정가 마키아벨리는 『군주론』이라는 고전을 남깁니다. 이 책은 오늘날에도 정치학, 경영학 등에 있어 널리 교과서로 이용되는 대표적인 명작입니다. 그런데 이 『군주론』이란 책은 인간에 대해 한 가지 재미있는 전제를 세웁니다. 그리고 그 전제 아래 『군주론』은 저술됩니다.

마키아벨리(1469~1527)

르네상스가 꽃피우는 이탈리아반도에서 수십 년간 인간의 존재에 대해 고민했던 마키아벨리(Niccolo Machiavelli)는 인간에 대해 다음과 같이 결론을 내립니다. 그 결론이란 것은 충격적입니다. 인간들 중 무시하지 못할 비중을 차지하는 많은 이들이 애초부터 악마라는 것입니다. 그들은 비열한 존재이기 때문에 자신에게 이익이 되는 경우 자신을 사랑해 주는 고마운 사람을 가차 없이 해칩니다. 또한 그들은 은혜를 모르고 변덕스러우며, 위선적이고, 가식덩어리며, **위험은 감수하지 않으면서 이익에는 밝은** 그런 존재로 통찰됩니다. 마치 고대 중국의 사상가 순자가 주창했던 성악설의 내용과 일맥상통하는 이야기입니다.

바로 그것입니다. 인간들 중 일부는 그런 악한 존재이기 때문에, 그러한 악한들이 모인 회사라는 집단은 악의 결정체라고 볼 수 있습니다. 회사구성원 전체가 선한 사람들이라면 모르겠으나 일단 집단 내에 악인이 하나둘씩 들어오게 되면 그 조직은 급속하게 비열해집니다. 맹자가 주장했던 인간은 선하다는 성선설을 지금까지 굳게 믿게 있는 당신이라면 생각을 바꿔야 할 필요가 있습니다. 모든 인간이 절대 당신같지 않다는 사실을 말입니다.

당신이 여태까지 회사에서 은근히 이용당하며 버려진 이유는 당신만 이 명제를 제대로 이해하지 못하고 있었기 때문입니다. 500년 전 유럽에서도 그랬지만, 현대사회에서는 선한 사람은 더더욱 무가치한 존재입니다. 회사라는 정글에서는 더더욱 그렇죠. 그리고 당신은 그 회사에서 살아남아야만 합니다.

시대가 갈수록 물가는 오르고 실업은 늘어나고 있습니다. 실질소득은 떨어지고 중산층은 몰락합니다. 회사에 입사하기도 하늘의 별 따기지만, 회사 내에서도 버티기는 더욱더 힘들어집니다. 우리 모두는 땀과 눈물을 요구받고 있습니다. 이러한 때에 이 책을 통해서 회사에 재직 중인 많은 분들에게 거친 삶을 헤쳐 나가는 방법론을 소개해 볼 기회가 되었으면 좋겠습니다.

유럽 열강을 뒤흔들었던 비운의 천재 마키아벨리, 동서고금을 풍미했던 현자들, 그리고 행동심리학이라는 현대과학을 통해서 당신의 성공을 돕겠습니다.

그럼 이제, 악인들로부터 살아남아 봅시다!

제 2 부

전략

이 책의 본문은 크게 '전략'과 '기술' 부문으로 나누어 썼습니다. '전략'에서는 회사에서 살아남을 수 있는 인문학적 지식을 습득하는 데 초점이 맞춰져 있습니다.

개혁가는 위험하다

회사에 다니면서 문득 좋은 아이디어가 떠오르는 때가 있다.

'그동안 이렇게 해 왔던 것을 이렇게 바꾸면 회사에 큰 이득이 되겠는데?'

물론, 똑똑한 당신이 생각해 낸 좋은 개혁이겠지만, 벌써부터 칭찬받을 생각에 아이디어를 무작정 추진하지 말라. 우선 충분한 시간을 가지고서 그 개혁으로 인해 피해 보는 사람들이 누구인지 꼼꼼히 알아보라. 상대가 입게 되는 피해의 정도는 어떨지, 그들이 어떻게 받아들일지도 생각해 보라.

— 그들이 금전적으로 피해를 보는가? 회사 시스템의 허점을 이용해서 그들이 몰래 받고 있던 추가수당, 이익 등이 줄어드는가? 점심값도 안 되는 사소한 금액이라도 절대 간과하지 말라. 그들은 천 원, 이천 원에 목숨 거는 천박한 자일 수도 있다.

— 그들에게 귀찮은 사소한 업무량이 늘어나는가?

— 개혁을 추진함으로써, 그들이 무능력하고 부패한 세력으로 보여지면서 궁지에 몰리는가?

— 개혁을 추진함으로써, 당신의 성공을 시기하며 달갑게 생각하지 않는 사람들이 있는가?

그들은 당신에게 반드시 복수한다. 필히 부숴버리겠다고 매일 다짐할 것이다. 개혁 프로젝트가 완료된 후, 다른 업무를 추진함에 있어 당신이 실수 하나라도 한다면, 그 실수로 인해 비판받을 때 그들은 맞장구치며 필요 이상으로 당신을 공격하는데 목청을 드높일 것이다.

고위직이 당신의 뒤를 든든히 봐주지 않는 이상 적극적으로 개혁에 힘쓰지 말라. 당신의 뒤를 지속적으로 봐주는 세력이 있다 하더라도 개혁의 피해자들은 당신에 관한 안 좋은 소문을 계속해서 퍼트릴 것이다. 아무리 당신을 신뢰하는 사람이라도 주위에서 반복해서 당신의 험담을 듣게 되면 이내 생각이 바뀌기 마련이다. 그러면 그들의 공작으로 인해 당신을 지켜주던 든든한 우산도 이내 곧 사라진다. 조선시대 성군으로 추앙받던 왕들이 얼마나 많은 개혁가들을 이용만 해먹고 쓸모없어지면 과감히 처형하였는지 당신은 알고 있는가? 무릇, 현인이란 힘이 갖추어질 때까지 기다릴 줄 알아야 한다.

15세기의 정치가 마키아벨리는 무장하지 않은 개혁자는 위험하다고 재차 강조했다. 군주가 국가의 안위를 위해 새로운 질서와 통치방식을 도입함으로써 개혁을 추진하면, 구체제에서 이익을 얻던 사람은 적이 되어 버린다. 이 미래의 적들은 법(회사 시스템)을 자신들에게 유리하게 사용할 줄 아는 자로서, 당신을 파멸에 이르게 하는 방법도 무척 잘 이해하고 있다.

개혁군주가 개혁을 추진하려면 필요조건은 2가지로 요약할 수 있다. 자신의 과업을 추진할 충분한 힘(무장을 갖춤)이 이미 있거나, 타인의 도움을 구하는 것이다. 그런데 여기서 주의해야 할 점이 있다. 전자의 방법은 당신에게 무해하나, 후자의 방법은 언젠가 당신에게 큰 피해를 입힐 것이라는 것이다.

자기 자신이 충분한 힘을 가지고 있다면 그 개혁은 성공하지만 타인의 힘을 빌린 개혁은 반드시 실패하기 마련이다. 용병(타인의 세력)은 개혁이 끝나면 평화가 찾아온 당신의 농지를 약탈하기 때문이다. 그리고 자신의 공적이 용병들에게 고스란히 넘어가도 힘이 없는 당신은 아무것도 할 수 없을 것이다. 그러므로 힘이 부족하다고 해서 선불리 용병의 힘에 기대려 하지 말라.

타인의 세력을 끌어들여 개혁에 실패한 사례

사보나롤라(Girolamo Savonarola)는 이탈리아 도미니크 교단의 정의로운 수도사로 당시 부패한 로마교황청과 귀족을 비판하는데 앞장섰다. 그의 연설은 명연설이었으며, 가난한 민중들은 그를 따랐다. 신념에 있어서도 그는 남달랐다. 불의에 맞서 싸우는 그는 잘못이 있다면 당시 최고의 권력자이자 신적 존재인 교황까지 비판하는 것을 서슴지 않았다. 정의의 용사가 그 누구에게 무릎을 굽히겠는가.

사보나롤라(1452~1498)

그러던 중 1494년 프랑스의 왕, 샤를 8세의 이탈리아 침략으로 그에게 어부지리로 기회가 생겼다. 피렌체의 포악한 군주였던 메디치 가문의 압제가 끝을 맺게 되고, 일반 시민도 국정에 참여하는 공화정의 시대가 열린 것이다. 강국 프랑스의 힘을 빌려 권좌에 오르게 된 사보나롤라는 피렌체의 사제로서 부패와 사치를 근절시키는 개혁정치를 실시했다.

그러나 사보나롤라가 한 가지 지나쳐 버렸던 문제가 있었다. 그는 너무나 도덕적인 것에 치우친 나머지 그의 조국 피렌체를 이상향의 세계인 종교적인 도시로 만들려는 데만 집중했고, 결국 변화를 요구하는 사람들의 기대감만 높인 채 불만을 사게 되었다. 이는 훗날 한국에서 임기 말에 낮은 지지율에 허덕이다가 스스로 목숨을 끊은 비운의 대통령을 연상시킨다. 민중의 지지를 잃은 데다, 프랑스와 사이가 안 좋던 교황 알렉산데르 6세와 대립함으로써, 그의 적은 늘어만 갔다. 결국 그는 교황과 귀족들의 음모로 정치싸움에서 패배하게 되고 고문을 당한 후 화형에 처해지게 된다. 그때 프랑스는 이용가치가 다한 사보나롤라에게 아무런 도움도 주지 않았다.

회사는 바보다. 회사발전을 위해 노력하는 우수한 인재를 갖추고도, 그들이 쏟아내는 혁신안을 받아들이지 못한다. 망하는 회사는 충신들의 수많은 경고 메시지에도 불구하고 기득권 세력의 이익을 보전하기 위해 경고를 무시하다가 결국 자멸하게 된다.

정 리

당신이 충분한 지위와 완벽한 힘을 지니게 되었을 때, 개혁을 직접 추진하라(타인의 세력에 의지하지 말라). 만약 실행할 힘이 없다면, 그 불편한 개혁추진업무를 잠시 멈춰라. 그리고 힘을 더 갖출 때까지 기다려라.

성공하고 싶은 당신, 적극적으로 아부하라

관리자는 아부를 가려들을 줄 알아야 하고, 사원들은 세련된 아부를 할 줄 알아야 한다. 아부를 하지 못하는 아랫사람에게 오는 피해는 아부를 즐기는 관리자의 말로만큼 위험하다. 아부는 인간관계를 원활하게 해 주는 윤활유이기 때문에, 상하관계가 뚜렷한 직장 내에서 아부 못하는 정직한 하급직원은 위기에 빠질 수 있다. 에이브러햄 링컨(Abraham Lincoln)은 "칭찬을 마다할 사람이 어디 있느냐"라고 했다. 부끄러워 말고 이 챕터를 읽고 그대로 따라 해 보자.

이 장에서 설명하는 아부는 한눈에 알 수 있는 직설적이고 노골적인 저렴한 아부를 뜻하는 것이 아니다. 대단히 조심스럽고 다른 사람들이 아부라고 절대 생각하지 못할 세련된 아부를 의미한다. 그리고 이를 사회학자들은 학술적으로 '인상관리'라고 부른다.

이 아부라는 것은 거짓말과도 구별되는 개념이다. 거짓말은 특정한 상황 때문에 어쩔 수 없이 하는 것임에 반해, 아부는 자발적으로 선택할 수 있는 행위이기 때문이다. 그리고 거짓말을 한 사람은 죄책감에 시달릴지 모르지만, 아부꾼들은 양심의 가책이나 후회 없이 마음껏 아부할 수 있다(아부를 듣고 어린아이처럼 기뻐하는 상사를 볼 때면 자신의 손발이 조금 오그라들 수는 있다). 게다가 거짓말은 들통나면 그에 따른 피해를 입을 수 있지만, 아부는 겉으로 잘 드러나지 않는다. 즉, 위험부담이 훨씬 적은 것이다(단, 동료들이 함께 있는 장소에서 상사에게 아부하지 말라. 동료의 아부를 옆에서 지켜보는 것처럼 끔찍한 경험은 없다).

현대인들은 칭찬에 목말라 있다. 다른 사람의 칭찬을 통해서 인간은 자신의 가치를 깨닫고, 잃어버린 정체성도 되찾을 수 있다. 요즘같이 치열한 경쟁사회에서 관리자급으로 승진하려면 과도한 업무 스트레스로 대개 미혼이거나, 가정이 있어도 가족에 충실하지 못하는 경우가 많다. 그만큼 업무에 미쳐 있어야 승진하는 사회이므로 가족들이 미처 채워주지 못하는 자존감을 부하직원이 아부로써 채워 주워야 하는 것이다(정말 웃기는 소리지만 사실이다).

그의 더러운 인성 때문에 가족들로부터 왕따 당하는 팀장은 부하로부터의 아부를 마약중독자 마냥 매일 갈망하고 있다. 철저한 갑을 관계인 회사 조직에서는 어쨌든 힘이 있는 자가 아부를 요구할 권리가 있다. 그의 인격이 훌륭하기 때문에 아부와 찬사를 받는 것이 절대 아닌 셈이다.

정년퇴직을 한 많은 남성들이 곧바로 우울증에 빠지는 이유도 이를 아부의 심리학으로 설명할 수 있다. 그동안 무슨 해괴한 짓을 하더라도 꼬리를 살랑거리며 신나게 아부해 주던 부하들은 정작 퇴직 후에는 모르는 사람 취급을 한다. 게다가 가족들은 그를 하나의 인격체로 놓고 바라본다. 그래서 그동안 아무리 많은 돈을 벌어다 주었어도 가족들은 인간으로서 빵점인 그를 혐오할 수밖에 없게 된다.

아부의 방법

미국의 사회학자 에드워드 존스(Edward E. Jones)는 아부를 경험적으로 분석하였는데 연구된 효과적인 아부의 사용법은 다음과 같다.

1. 아부와 함께 원하는 바를 말하지 말라. 아부와 동시에 부탁을 하면 칭찬을 한 의도를 의심받는다.
2. 타당한 아부를 하라. 못생긴 여자에게 뜬금없이 예쁘다는 칭찬은 통하지 않는다.
3. 누구나 아는 사실을 칭찬하지 말라. 상대가 잘하는 것 대신에 잘하려고 노력하는 부분을 칭찬해야 한다. 카사노바가 여자들을 유혹하는 방법이 좋은 예가 된다. 카사노바는 예쁜 여자에게 절대로 예쁘다고 칭찬하지 않았다. 예쁜 여자는 그런 칭찬이라면 자주 듣는 일이기 때문에 오히려 귀찮아할 수 있기 때문이다. 이 점 때문에 카사노바는 여자의 지적인 모습(보통의 미인들이 들을 수 없는 칭찬)을 칭찬하였다.
4. 최고의 아부를 하려거든 그 사람의 칭찬을 제3자를 통해 전달시켜라. 아부의 대상이 옆에 없을 때 타인을 통해 당신이 그를 칭찬했다는 사실이 전해질 때 아부의 효과는 가장 강력해진다. 반대로 남의 험담을 한 사실이 대상자에게 전해지면 가장 좋지 못한 결과를 낳는다. 300년 전 영국의 외교관이었던 필립 체스터필드(Phillp Chesterfield)는 이를 깨닫는 데 35년이 걸렸다. 그는 상대방을 가장 기쁘게 하는 방법이 뒤에서 칭찬하는 것이라고 그의 아들에게 편지까지 써가며 당부했다. 칭찬이 상대방에게

확실히 전해져야 하므로, 칭찬했다는 사실을 전달함으로써 덕을 볼 사람을 이용하라는 조언까지 하기도 하였다.

5. 칭찬과 함께 사소한 비난을 곁들여라. 긍정적인 정보만 제공하기보다는 약간의 부정적인 정보도 같이 제공할 때, 아부하는 사람의 진정성이 돋보인다.
6. 지나친 과장은 하지 말라. 무엇이든 지나치면 상사는 경계심을 품는다.
7. 여러 사람에게 같은 아부를 써먹지 말라. 기분이 좋으면 당신이 으레 하는 얘기라고 폄하할 것이다.

지위가 자신보다 높은 상대에게 아부할 때 주의할 점

인간이 아부를 하는 목적은 권력과 매우 밀접한 연관이 있다. 사회 내의 권력불균형 때문에 아부가 존재하는 것이다. 때문에 아부는 대부분 권력이나 신분의 차이가 나는 사람들 간에 이루어진다.

이처럼 자신보다 높은 위치에 있는 사람에게 아부할 때는 한 가지 주의해야 할 점이 있다. 칭찬이라는 찬사를 하려던 본래 의도와는 달리 건방지게도 상관인 상대를 평가하는 느낌을 줄 수 있기 때문이다.

"팀장님께서는 그 연배에 영어로 무리 없이 대화하시다니, 정말 대단하십니다. 영어는 어디서 배우셨어요?"

위의 문장은 얼핏 보면 적절한 아부처럼 보이지만, 실은 상당히 위험한 아부가 될 가능성을 내포하고 있다. 부하직원이 암묵적으로 상사의 능력을 평가하고 있기 때문이다(평가는 윗사람이 아랫사람에게 하는 것이다). 경우에 따라선 '사원 주제에 관리자인 나를 점수 매기고 있었단 말이지? 내 영어가 형편없어서 딴지 거는 거지?'라는 오해를 살 수 있다. 따라서 상대를 행위를 평가하는 아부는 윗사람이 아랫사람에게만 할 수 있다는 점을 명심하자.

그렇다면 윗사람에게 어떤 아부를 해야 적당할까? 미네소타 대학의 랜달 고든(Randall Gordon) 교수는 사회적인 신분의 차이가 날 때는 칭찬보다 'YES 전략'이 통한다고 설명한다. 상사가 의견을 제시하면 부하직원이 '맞습니다' 하고 맞장구 쳐주는 것이다. 윗사람의 의견을 미리 예측하고 상사가 의견을 말하기 전에 같은 의견을 먼저 제시하면 효과는 배가 된다. 물론 무조건적인 'YES 전략'보다는 적절히 사소한 반대의견을 간간이 내놓아야 환심을 사야 할 상사에게 당신의 저의를 숨길 수 있다.

아부를 혐오하는 상사에게 할 수 있는 아부

나는 황제께 "폐하께서는 아부를 대단히 싫어하십니다"라고 말했다.
"그야 물론이지"라고 황제가 대답했다.
바로 그 순간, 나는 최고의 아부를 한 셈이었다.

— 셰익스피어의 『줄리어스 시저』

아부를 싫어하는 사람도 결국 아부를 즐긴다. 아부에 대해 엄격한 상사가 있다면 '우리 팀장님은 아부를 매우 싫어하시지'라는 아부를 하기를 추천한다. 그러면 상사의 입꼬리가 광대까지 올라가는 광경을 지켜볼 수 있으리라.

무능하고 재주도 없는 내 라이벌이 어떻게 저렇게 높은 자리에 오를 수 있단 말인가…. 억울하면 아부하는 법을 배우자. 능력 없는 사람이 될지라도, 함께하면 즐거운 사람은 될 수 있다. 19세기 미국의 시인 랄프 에머슨(Ralph Emerson)은 이렇게 말했다.

"아부에 현혹당하지는 않을지라도 아부를 싫어하는 사람은 아무도 없다."

정 리

아부는 못하지만 충실히 직언하는 직원이 보상받는 그런 공정한 사회가 오기를…. 하지만 그런 세상이 오기 전까지는 아부는 필요하다.

아부 걸러내기

(관리자급 직원이 알아야 할 지식)

아첨꾼은 위험하다. 아부를 듣는 순간은 기분이 좋을지라도, 관리자인 당신을 잘못된 결정으로 유도할 수 있어서 더욱 위험하다. 상하관계가 뚜렷한 우리나라 직장 특성상 아부로 인한 폐해는 더 심각해진다.

아부로 인해 잘못된 결정을 내리는 심각성을 파악하고 있었던 마키아벨리는 그의 저서 『군주론』에서 '질병'이라는 강한 단어를 써가며 아부의 위험성을 강조한다. 인간이란 자기 자신의 문제에만 몰두해 있는 경향이 있어 자기 기만에 빠지기 쉽고 아첨이라는 '질병'으로부터 자신을 방어하기가 어렵다.

고대 그리스인의 지혜

고대 그리스의 철학자 플루타르코스(Plutarchos)는 현대의 심리학자들이 심도 있는 연구를 통해 아부에 대해 밝혀낸 사실들을 이미 2천 년 전에 알고 있었다. 그는 그의 군주 필로파푸스 왕에게 아첨꾼과 조언자를 구분해내는 법을 다음과 같이 제시하였다.

1. 자신의 주장과 의견을 특별한 이유 없이 갑자기 바꿨을 때, 아첨

꾼이 별 항의나 의심 없이 변덕스러운 자신을 그대로 지지하는지 살펴보라.

2. 아첨꾼들은 지극히 친근하게 접근하며 당신의 친구 역할을 연기한다.
3. 당신 자체를 칭찬하는가, 아니면 당신의 행동을 칭찬하는가? 당신을 칭찬한다면 그는 아첨꾼이다.
4. 아첨꾼은 제3자를 이용하여 칭찬한다(칭찬을 제3자를 매개로 하여 전달한다).
5. 아랫사람이나 가족에게는 함부로 대하면서, 상관에게는 예의를 차리는 인간이라면 아첨꾼일 가능성이 높다(가장 가까운 사이인 가족조차 그를 신뢰하지 못한다면, 그와의 비즈니스도 신뢰할 수 없다는 이야기).
6. 진정한 친구는 형식에 구애받지 않고 솔직한 비판을 할 수 있지만, 아첨꾼은 당신의 의견에 동조하는 형식적인 측면에 집중한다.
7. 진정한 친구는 친구들을 돕는 데 반해, 아첨꾼은 당신과 친구들이 은밀히 멀어지도록 한다.
8. 아첨꾼들은 대체로 불안해하고, 다른 사람이 욕을 먹을 때 좋아한다. 당신이 누군가를 비난할 때 옆에서 슬며시 미소 짓는 자가 있다면 그는 아첨꾼이다.
9. 아첨꾼은 자신의 일을 다른 사람의 이야기인 듯 말하고, 자신과 상관없는 일은 자신의 일처럼 얘기한다.

그렇다면 아첨꾼들이 당신의 주위에 들러붙는 것을 방지하는 방법은 무엇일까? 답은 **부하직원이 당신에게 불쾌한 진실을 말해도, 절대**

당신을 분노하게 만들지 않는다는 점을 부하들에게 확실히 각인시키는 것이다. 신입사원이 입사 후 어느 정도 시간이 흐르면 그의 1차 목표는 주인의식을 갖고 이 회사를 발전시키겠다는 것에서부터, 상사에게 꾸지람을 듣지 않겠다는 것으로 빠르게 변화한다. 문제가 있다는 사실을 상사에게 보고하지 못하는 것은 부하직원의 잘못이라기보다는 상사의 잘못일 경우가 많다(특히, 부하에게 감정적으로 구는 상사일수록 더욱 그렇다). 상사에게 진실을 보고했다가 자칫 심기를 건드리기만 할까 두려운 나머지 사실에 기초한 보고를 머뭇거리게 되는 것이다.

조선 후기 실학자였던 이익(李瀷)이 문답식으로 쓴 성호사설(星湖僿說)을 보면 부하를 다룰 때 주의해야 하는 방법에 대해 나온다.

"나라를 다스리는 임금은 간언(諫言)하는 신하가 없다는 사실을 걱정하지 말고 신하의 간언을 받아들이지 못하는 점을 근심해야 한다. 신하가 감히 간언하지 못하는 이유는 간언이 받아들여지지 않아서가 아니다. 괜히 간언하였다가 군주의 노여움을 사지 않을까 두려워하기 때문이다."

관리자는 부하가 업무에 관해 진실을 자유롭게 보고할 수 있는 분위기를 조성한 다음, 보고된 내용을 바탕으로 업무 사안에 관한 합당한 결정을 내려야 한다. 사실에 근거한 양질의 보고는 관리자를 합리적인 판단으로 이끈다. 사실 이 단계까지는 대부분의 관리자들이 무리 없이 잘 수행해낸다.

문제는 그다음 단계다. 많은 사람들의 이익이 걸린 문제에서 관리자가 결정을 내렸다는 소문이 돌기 시작하면, 아첨꾼들이 움직인다. 그리고 당신은 아첨꾼들에 둘러싸여 뱀 같은 혀에 꾀여 자주 입장을 바꾸게 된다. 그 결과 당신을 믿고 위험을 무릅쓰고 직언한 부하는 당신에게 실망하게 되고, 더 이상 진실을 보고하길 꺼려하게 된다. 부하직원이 아첨꾼들의 이익에 반하는 보고를 계속하면 아첨꾼들에게 소위 찍히게 되기 때문이다.

신성로마제국의 변덕쟁이 막시밀리안 황제

독일의 막시밀리안(Maximilian I) 황제는 비밀에 둘러싸인 인물이었다. 자신의 계획을 누구에게도 말하지 않고, 누구의 조언도 구하지 않았다. 황제의 신하 루카 주교는 '황제 폐하는 누구와도 상의하지 않고 결정을 내리는데 그렇다고 신하가 원하는 대로 행동하지도 않으신다'라고 평했다.

막시밀리안(1459~1519)

문제는 황제가 자신의 계획을 실천에 옮기게 되면서 생겼다. 측근들이 황제의 계획에 대해 반대하기 시작하면 황제는 단순한 성격이어서 어느새 자신의 계획을 폐기했다. 심사숙고하여 내린 결정을 다음 날 너무 쉽게 뒤집는 황제를 신하들은 신뢰하지 못했다. 황제가 무엇을 원하고 또 하고자 하는 것이 무엇인지를 아무도 이해할 수 없었기 때문이다.

부하직원이 상사의 뜻을 거스르는 것은 문제이지만, 거꾸로 상사가 부하직원의 뜻을 몰라주는 것도 때론 문제가 될 수 있다. 특히 상사가 사안에 대해 부하직원보다 이해도가 떨어질 때, 부하직원이 수긍할만한 수준의 결정이 나지 않으면(상사가 잘못된 판단을 내리면) 상사에 대한 부하직원의 실망감이 생긴다.

마지막으로 관리자는 부하직원이 무슨 이유에서건 진실을 알면서도 일부러 보고하지 않았다는 것을 알게 되면 그 즉시 노여움을 표해야 한다. 그리고 보고하지 않은 이유가 관리자 자신의 심기를 건드리지 않기 위해서였다면 다음부터는 이런 사태가 재발하지 않도록 반드시 부하직원을 대하는 당신의 태도를 고쳐야 한다.

정 리

당신의 분노를 한풀 죽이고, 부하직원이 진실을 보고할 수 있는 환경을 구축하라. 심사숙고하여 한 번 결정한 사안에 있어서 입장 변화를 자주 보이지 말라. 진실을 보고하지 않은 부하가 있다면, 그 즉시 노여움을 표하라.

인생은 타이밍이다

스릴러 영화를 보게 되면 도무지 결말이 나지 않아 답답해진다. 영화감독은 시간을 질질 끌며 아무것도 보여주지 않는다. 그러면 관객은 증오 어린 실망감을 내비치다가도, 일단 감독이 영화에서 준비한 긴장감을 후반부에 휘몰아치기 시작하면 그 매혹에 빠져 열광하게 된다. 관객이 지속적으로 긴장감을 갖도록 영화를 천천히 진행시키다가 적절한 순간에 모든 것을 보여주는 것이다.

이러한 기법은 영화계에서만 통하는 것이 아니다. 우리 사회가 돌아가는 구조도 이와 비슷하다. 미국의 32대 대통령, 프랭클린 루스벨트(Franklin Roosevelt)는 이러한 사회의 속성을 잘 알고 있었다.

루스벨트의 이상한 취임

프랭클린 루스벨트가 1932년 대통령 선거에서 당선되었을 때, 당시 미국은 대공황의 여파로 위기에 빠져 있었다. 주식시장이 무너져 9천 개가 넘는 은행들이 문을 닫았고, 은행으로부터 자금을 융통할 수 없었던 기업들이 파산해 실업률은 40%에 달했다. 상품가격이 폭락하자 농장주들은 가격조절을 위해 땅을 갈아엎고 멀쩡한 농산물에 석

유를 뿌려 불태웠다. 굶주린 사람들이 버리는 농산물을 훔치다 총을 맞는 경우도 있었고, 가난에 지쳐 아이들을 판매하는 부모들도 있었다. 루스벨트는 이 엄청난 국난을 극복할 책임이 있었다. 관심은 루스벨트에게 쏟아졌고, 언론은 그의 개혁정책과 참모진 구성계획에 대해 물었다.

루스벨트는 침묵했다. 그것은 이상한 침묵이었다. 정권 이양을 위해 전임 대통령인 허버트 후버(Herbert Hoover)도 만나지 않았다. 루스벨트는 마치 미국에서 사라진 사람 같았다. 공화당은 즉시 루스벨트의 민주당을 공격했다. 루스벨트는 위기를 극복할 정책이 있지도 않은 듯 보였다. 시간이 갈수록 언론과 국민은 초조해졌다. 대통령으로 뽑아놓은 사람이 아무 생각도 없이 놀고 있는 것처럼 보였기 때문이다. 루스벨트는 나라를 이끌어 나갈 최소한의 자신감마저 없어 보였다. 대공황은 깊어져만 갔고 각종 경제지표들은 미국의 암울한 미래만 제시했다.

취임식 날, 루스벨트는 갑자기 태도를 바꾸었다. 장문의 취임 연설

뉴딜(New deal)정책을 발표하는 루스벨트 대통령

에서 그는 미국을 위한 새로운 청사진을 발표했다. 취임식 이후 100일 동안 과감한 개혁책을 신속하게 쏟아내었다. 누구도 예상하지 못한 속도였다. 이후 이 기간은 'Hundred Days'라고 불리며 루스벨트의 아이콘이 되었고 국민들은 환호로 답했다.

루스벨트는 적절한 타이밍을 조절할 줄 아는 정치인이었다. 개혁의 카드를 숨겨놓고 국민들을 마음 졸이게 하며 기다렸다가, 승부의 시점에서 모든 것을 털어놓았다. **좋다가 나빠지는 것보다는, 나빴다가 좋아지는 편이 훨씬 좋다.** 그는 위기 앞에 국민들을 다루는 법을 잘 알고 있었던 것이다. SNS며, 언론홍보며, 조급한 대응을 쏟아내는 한국의 정치인들과는 사뭇 다른 모습이다. 전략가는 크게 볼 줄 알아야 한다. 작은 사안마다 조직의 리더가 일일이 대응하는 단기정책에 의존하면 안 된다. 이순신 장군처럼 승리할 수 있는 조건이 갖추어지지 않으면 전투를 미루고 묵직하게 기다려야 한다(실제로 이순신 장군은 승리의 타이밍을 기다리며 임진왜란 7년 동안 총 23회의 전투밖에 수행하지 않았다).

끝날 때까지 끝난 것이 아니다 — 골드만삭스의 교훈

짐 티몬스(Jim Timmons)는 미국 최고의 투자은행인 골드만삭스(Goldman Sachs)에서 기업 내부자들만을 상대로 영업을 하는 책임자였다. 최소 2,000만 달러 이상의 거래만 가려서 수임하는 증권계의 거물이었다.

1970년에 그는 노튼 사이먼(Norton Simon)으로부터 자사주 10만 주의 매입을 부탁받았다. 수수료 수입만 7만 5천 달러에 이르는 거대한 주문을 하겠다는 연락이었다. 티몬스는 신이 나서 회사 안에서 떠벌리기 시작했다. 자신의 성과를 골드만삭스의 간판스타 임원인 거스 레비(Gus Levy)에게도 미리 보고를 해두었다.

5일 후, 노튼 사이먼의 연락을 기다리던 티몬스는 트레이딩 룸에서 주가표시기를 보고 놀라게 된다. 주가화면에는 'NSI 100,000'이라는 표시가 있었다. 주가 금액은 화면보다 길어 일부만 표시되었다. 누군가 노튼 사이먼의 계약을 가로챘다는 의미였다.

당황한 티몬스는 노튼 사이먼의 담당자에게 전화를 걸어 자초지종을 확인했다. 노튼 사이먼의 담당자는 다른 투자은행인 베어스턴스가 조건이 더 좋아 입장을 바꾸었다고 말했다. 당황한 티몬스는 어쩔 줄을 몰라 했다. 통화를 마치고 거스 레비에게 보고하기 위해 그의 개인 집무실을 향했다. 당연히 거스 레비는 그와 대화하는 것조차 거부했다. 티몬스는 다시 자기 자리로 돌아가기 위해 거스 레비의 방에서 나왔다. 아무도 티몬스와 대화하려 하지 않았다. 그가 트레이딩 룸을 가로지르며 경쟁자들의 조롱을 들으면서도 대꾸 한마디 할 수가 없었다. 트레이딩 룸은 유난히도 길게 느껴졌고 티몬스는 거래가 종결될 때까지 어떠한 정보도 쉽게 흘려서는 안 된다는 것을 배웠다.

티몬스는 노튼 사이먼의 재무담당자가 자신에게 주문을 줄 것이라는 확신에 차 있었다. 그리고 그 자만심이 그를 집어삼키게 되는 것이다. 자만심은 자기 자신을 위태롭게 만들고, 상대에게 기회를 줄 수 있다. 아무리 약한 상대라도 경계심을 놓치지 말아야 한다.

역사 속에서 자만심은 이길 수밖에 없는 전투를 패배로 이끌곤 한다. 1896년 이탈리아군은 자만심이라는 적군을 제대로 통제하지 못해, 흑인에게 패배한 유일한 백인이라는 오명을 뒤집어쓰게 된다.

아두와 전투(백인에게 승리한 흑인)

1800년대 후반은 서구열강국들의 치열한 식민지 쟁탈전이 이루어지고 있었다. 일찍부터 식민지 개척을 통해 대제국을 이루었던 영국, 프랑스 등과 달리 이탈리아는 작은 여러 개의 나라들로 분열된 조국을 하나로 통일하느라 여유가 없었다. 이윽고 1870년 주세페 가리발디(Giuseppe Garibaldi) 장군이 이끄는 붉은 셔츠대가 이탈리아 전 국토를 수복한 뒤에야 식민지 사업에 뛰어들게 된다.

당시 이탈리아에서 가까운 대륙인 아프리카에는 식민지가 되지 않은 나라가 에리트리아와 에디오피아 밖에 남아있질 않았다. 여유가 없었던 이탈리아는 1890년 우치알라 조약을 통해 급히 에리트리아를 점령하고 마지막 자유국가로 남아 있던 에디오피아까지 넘보게 된다.

당시 에디오피아는 메넬리크 2세가 통치하고 있었다. 이탈리아로부터의 압박을 느낀 메넬리크는 급히 군대를 소집하여 이탈리아와의 일전을 준비하게 된다. 하지만 당시의 에디오피아는 좋은 상황이 아니었다. 이탈리아군에게 크게 열세인 에디오피아군의 유일한 장점은 많은 병력(약 10만 명)밖에 없었다. 훈련도 제대로 못 받은 농민들로 이루어진 오합지졸 군대의 장비는 열악했고, 무기는 구식 화승총 정도가 전부였다(이마저도 전체 군대의 80%밖에 지급하지 못했다). 반면 이탈리아는 서구열강답게 최신식 소총과 야포로 무장한 1만 7천 명의 병사가 있었다.

열악한 사정에도 메넬리크는 좌절하지 않았다. 대신 그는 역으로 이탈리아군의 자만심을 이용하기로 결정했다. 따지고 보면 에디오피아군이 유리한 점도 없잖아 있었다. 전쟁이 에디오피아에서 이루어져 에디오피아군은 전투지역의 지형을 잘 알고 있었다. 게다가 에디

아두와 전투**Battle of Adwa**(1896)를 묘사한 기록화

오피아는 지형 특성상 대부분이 해발고도가 3천 미터에 달하는 고원지대였다. 고지대의 희박한 산소 농도는 이탈리아군의 전투능력을 약화시킬 수 있었다.

전투가 시작된 1896년 2월 29일. 험준한 지형 속에서 이탈리아군이 길을 잃고 분산되어 헤매고 있을 때, 지형을 속속들이 알고 있던 에디오피아군이 야밤을 틈타 기습공격을 가하였다. 시간이 지나 해가 뜨고 오전 10시가 되자 이탈리아의 4개 여단 중 2개 여단이 전멸해 있었다. 우월한 존재라며 자신을 과시하던 백인들의 치욕적인 패배였다. 전투에서 이탈리아군은 총 17,000명의 병력 중 7,000명이 전사하고 1,500명이 부상을 입었다. 그리고 운이 없었던 3,000명은 에디오피아군에 잡혀 포로가 되었다. 반면 에디오피아군의 피해는 그리 크지 않았다. 총 10만의 병력 중 13,000명이 전사하고 8,000명이 부상을 입었다(보유한 무기의 수준을 생각할 때 이 수치는 엄청난 승리를 의미한다).

옛 로마제국의 영광을 꿈꾸던 이탈리아의 현대적인 군대가 미개하다고 생각되던 아프리카의 원시부족에게 패하였다. 이탈리아는 아두와 전투에서 패함과 동시에 국제사회의 웃음거리가 되었다. 당시 이탈리아의 국력이 미국에 견줄 수 있다는 평가를 받고 있던 터라 이탈리아의 패배는 더욱 충격적이었다.

자만심은 자신에게 독이 된다. 그 독은 알아차릴 수 없게 서서히 스며들어 결국에는 엄청난 희생을 치르게 만든다. 아두와 전투가 끝나고 포로가 된 3,000명의 이탈리아군은 에디오피아군에 이끌려 아디스아바바로 끌려가게 된다. 그리고 그곳에서 백인포로들은 에디오피아의 오랜 관습에 의해 성기를 절단하는 의식을 받았다고 한다.

한국인의 조급함

한국인 특유의 기다릴 줄 모르는 조급함 역시 역사 속에서 쉽게 찾을 수 있다. 660년, 당(唐)나라 13만 군사와 신라 5만 군사는 백제의 수도 사비로 진격한다. 대군을 상대하기에는 수적 열세였던 백제군은 평지에 위치해 방어가 불리한 사비성을 포기하고 천혜의 요새인 웅진성으로 들어가 수성준비를 했다. 백제의 청야전술(들판의 곡식을 모두 불태우고 성에 들어가 숨음)은 문제가 없었다. 북쪽에는 흑치상지 장군이 3만이 넘는 백제 지방군을 모으고 있었고, 남쪽에서는 왕족 복신이 수만의 군사를 준비 중이었다. 바다 건너 왜(倭)에서는 2만 7천 명의 원군을 보낼 태세였다. 대군을 먹일 군량이 부족했던 나당연합군을 상대로 몇 달 버티다가 지방군들을 모아 한 번에 공격하기만 하면 됐다.

의자왕이 웅진성에 들어간 지 5일째, 공격 한 번 받지 않았던 웅진성이었지만 백제군은 어이없이 항복하고 만다. 당의 대군에 압도되어 버린 웅진성주 예식진(615~672)이 의자왕을 체포하고 투항해 버린 것이다. 군사학적으로 봤을 때 충분히 승산이 있었던 백제가 어리석은 일개 성주의 조급한 판단으로 멸망한 것이었다.

비즈니스는 오늘만 하고 끝낼 것이 아니다

재래시장에 남자 혼자만 가면 낭패를 보기 쉽다. 물건을 꼼꼼하게 살펴보고 하나하나 따져가며 구매하는 여자들과는 달리, 남자들은 별생각 없이 덥석 물건을 사버리는 경향이 있다. 시장의 영악한 상인들은 이를 이용해서 비싼 값에 더 적은 양을 주며 남자에게 물건을 넘겨버린다.

허나 여기에는 맹점이 있다. 남자들의 소비패턴은 여자들의 그것과는 다르다. 남자들은 물건을 살 때 이것저것 따지지 않고 한 번에 구매하는 경향이 강하다. 꼼꼼히 따져보는 것 자체가 시간과 노력이 많이 드는 하나의 비용이라고 생각하기 때문이다. 그래서 상대를 믿고 빠른 구매를 진행한다.

다시 재래시장 이야기로 돌아가 보자. 남자는 형편없는 물건을 샀다는 것을 집에 와서야 확인한다. 그러면 그다음은 어떻게 될까? 확실히 예상하건대 그 남자는 절대로 그 상인에게는 물건을 사지 않을 것이다. 충성도가 높은 남자고객을 단골로 만들 기회를 상인이 놓친 것이다. 재래시장의 점주들은 자신의 영악함을 이용해서 오늘 하루 높은 소득을 올릴지는 몰라도, 장기적으로 잠재충성고객을 잃는 바보 같은 결정을 한 셈이다.

1968년 미국의 증권가에서도 비슷한 일이 있었다. 당시 뉴욕증권거래소의 거래량은 하루 1,000만 주가 채 안 되었다. 한 번에 1만 주 정도 대량거래주문을 성사시키면 신문기사에 날 정도의 화제가 되기도 했다.

루 아이젠버그(Lew Eisenberg)는 당시 B급인 증권회사에 취직하여 한창 주식 트레이딩에 열중하고 있었다. 그런 그에게 거물 기관투자가 대량주문을 하였다. 5만 주나 되는 거대한 물량을 한 번에 매도해달라는 부탁이었다. 사상 최대의 대규모 트레이딩으로 증권사는 막대한 수수료 수입을 올릴 수 있었다.

주식 거래를 마치고 얼마 뒤, 주문을 냈던 기관투자가로부터 다급한 전화가 왔다. 자신이 실수하여 매수 주문을 매도로 잘못 말했다는 것이었다. 주문량도 5만 주가 아닌 5천 주였다. 순간 아이젠버그는 당황했다. 이번 건으로 직속상사에게 칭찬을 받고 점심까지 얻어먹은 후였다.

사태를 수습하기 위해 임원진의 대책회의가 열렸다. 잘못 매도했던 주식의 주가가 올라 7만 5천 달러 정도 손해를 보고 있었다. 하지만 고객의 잘못이었기 때문에 증권사가 손해를 떠안을 필요까지는 없었다. 모두들 회의에서 고객 손실로 처리하기를 예상했다. 하지만 웬걸, 임원진의 결정은 자사에서 고객의 손실을 처리해 준다는 것이었다. 직원 모두는 깜짝 놀랐다.

결과부터 말하자면, 그때부터 이 B급 증권사는 해당 기관투자가를

골드만삭스 뉴욕 본사

단골손님으로 만들었다는 것이다. 기관투자가는 고마움을 표시하며 증권매매계약을 독점적으로 주겠다는 약속을 하였다. 단기간의 손실이 장기간의 수익을 만들어낸 것이다. 그리고 이 B급 증권사는 40년 후에 세계 최고의 금융그룹인 골드만삭스가 된다.

정나라의 호나라 점령

2,500년 전 춘추전국시대에서도 멀리 보는 혜안이 있었다. 한비자(韓非子)가 쓴 『세난(說難)』편을 보면 정(鄭)나라의 왕 무공(武公) 이야기가 나온다. 춘추전국시대는 여러 개의 크고 작은 나라들이 서로의 자웅을 겨루며 침략을 하던 시대였기 때문에 정나라도 다른 나라를 공격하기를 원했다.

무공이 신하들을 불러놓고 물었다. "나는 이제 전쟁을 벌여 영토를 확장하고자 하는데, 어느 나라를 쳤으면 좋겠는가?" 그러자 한 신하가 "호(胡)나라를 쳐야 합니다"라고 말했다. 주위의 큰 나라 대신 약한 나라인 호(胡)나라가 적합했기 때문이다.

하지만 한 가지 걸리는 것이 있었다. 이전에 호나라가 강할 때 친선을 목적으로 공주를 시집 보내놓은 상태였기 때문이다. 무공은 크게 노하며 말했다. "호는 우리 형제국이다. 그런데 호를 치라니!" 결국 호를 치라고 했던 신하는 사형에 처해지게 된다.

호를 치라고 권했던 똑똑한 충신이 죽어 나가자 호나라의 왕은 안심하였다. 정나라 쪽에 배치된 군사를 빼, 다른 나라 쪽의 방비를 두텁게 하였다. 하지만 그것은 실수였다. 무공의 계략이었던 것이다. 그렇게 정나라는 호나라를 속이고 공격하여 손쉽게 호를 얻을 수 있었다.

여자의 마음을 빼앗는 일도 다르지 않다. 아무리 좋은 여자여도 남자를 사귈 준비가 되어 있지 않으면, 그 누가 고백해도 소용이 없다. 취업준비며 시험준비로 마음이 혼란한 여자에게 무작정 들이댄다고 받아들여지길 기대하는 것은 무리다. 사랑도 타이밍이다. 봄바람이 살랑 부는 시기까지 참을성 있게 기다렸다가 대시하는 당신은 최고의 전략가로 불릴 자격이 있다.

정 리

발포하지 말라.
적이 사정거리에 들어올 때까지 기다려라.
프랑스놈 눈동자의 하얀 부분이 보일 때까지만.

— 프로이센의 무명 장교

역린
(상대의 자존심을 건드리지 말라)

용은 예로부터 신묘하고 알 수 없는 동물로 묘사되어 간혹 왕에 빗대어 표현되었다. 이러한 용에 관한 이야기는 좋은 소재거리가 되었고, 춘추전국시대에 살았던 한비자(韓非子)도 『세난(說難)』편을 통해 용에 관한 이야기를 하였다.

용은 물고기처럼 온몸이 비늘로 덮여있는데, 용의 턱 밑에는 길이가 한 자나 되는 거꾸로 난 특이한 비늘이 있다고 한다. 이를 역린(逆鱗)이라고 하는데 사람이 이 역린을 건드리면 아무리 친한 사람이라도 그 용에게 반드시 죽게 된다고 한다.

용은 길들이면 사람이 타고 다닐 수 있다고도 할 만큼 사람에게 친숙한 동물이지만, 역린을 건드리는 순간 적이 되어 버리는 것이다. 사람도 똑같다. 모든 사람에게는 자신만의 역린이 존재한다. 이 역린이란 것은 현대사회에서는 자존심 또는 자존감으로 해석된다.

미켈란젤로의 처세술

미켈란젤로는 마키아벨리와 같은 시대의 사람이었다. 르네상스 시대 마키아벨리가 정치전략에 대한 연구를 할 때에 미켈란젤로는 자신의 예술혼을 가다듬었다.

1502년 마키아벨리가 살고 있었던 이탈리아 피렌체의 두오모 대성당에는 길이 5m가 넘는 거대한 대리석 원석이 방치되어 있었다. 조각가 두초(Duccio)가 장엄한 예언자 상을 제작하려고 하였으나, 다리 부분에 실수로 구멍을 뚫어버려 아무것도 만들 수 없는 상태가 되어 버렸다.

피렌체의 시장 피에로 소데리니(Piero Soderini)는 레오나르도 다 빈치 같은 예술가들에게 이 대리석 덩어리로 조각을 만들어 달라고 요청하였으나 중요한 부분에 흠이 있어서 거절당하게 된다. 하지만 미켈란젤로는 달랐다. 26살에 불과했던 이 젊은 조각가는 이 거대한 대리석 바위를 이용해 거인 골리앗을 향해 돌팔매질을 준비하는 그 유명한 '다비드 상'을 조각하기로 결심한다. 미켈란젤로는 주문을 따낸 후 꼬박 3년 동안 다비드 상을 조각하기 위해 인생을 걸고 매진한다.

3년이 지나 조각이 완성되어 갈 무렵 미켈란젤로에게 첫 번째 위기가 찾아왔다. 피렌체 시장이 조각의 진행 상태를 확인하러 온 것이었다. 시장은 처음부터 조각상이 마음에 들지 않는 눈치였다. 다비드의 주요부위가 너무 크다면서 불평했다. 거인 골리앗과 맞서 싸우는 소년 다비드(David는 다윗의 영어식 표현)의 물건이 소년치고는 우람한 것이 문제였다. 조각상이 공개되면 귀족 부인들이 이를 보고 남편의 작은 물건과 비교할까 봐 시장은 겁이 났던 것이다.

미켈란젤로는 시장의 요구를 흔쾌히 받아들였다. 다비드의 중요부분을 작게 다듬는 것으로 합의를 봤다. 그러나 몇 주 뒤 미켈란젤로는 곧 두 번째 위기를 맞는다.

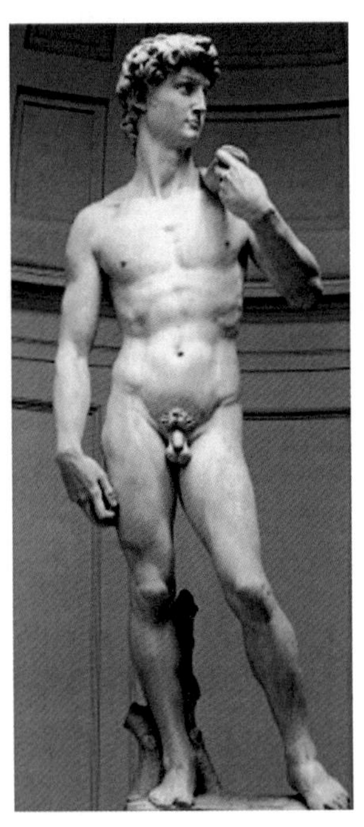
다비드 상(1501~1504년 제작), 미켈란젤로 작

시장은 이번엔 다비드의 코를 걸고 넘어졌다. 예술에 대해 문외한이었던 시장은 조금이라도 아는 척을 하고 싶었다.

"전체적으로 작품이 아름답지만, 코가 좀 큰 것 같네 그래."

미켈란젤로는 이번만큼은 참을 수 없었다. 고추 문제도 아닌 코 문제였다. 작은 고추까지는 양보해도 얼굴의 핵심인 코의 모양까지는 예술가로서 용납할 수가 없었다.

미켈란젤로는 대리석 가루를 한 줌 쥐고 시장의 얼굴에 뿌릴 기세로 시장에게 다가갔다가, 이내 흥분을 자제하고 다시 조각상으로 올라갔다. 조각칼로 코를 작게 다듬는 척을 하면서 손에 쥔 대리석 가루를 몰래 흘려 떨어지게 하였다. 즉, 코를 깎는 시늉만 한 것이다.

작업이 끝난 후 시장은 이전과 똑같은 모양의 코를 보면서 매우 마음에 들어 했다. 미켈란젤로는 자신의 예술성을 지키면서 시장의 자존심까지 동시에 살린 것이었다. 이후 다비드 상은 그 아름다움을 인정받았고, 포악한 군주를 물리친 피렌체 공화국의 개국을 기념하는 위대한 조각상으로 남게 된다.

우리는 회사생활을 하면서 미켈란젤로와 같은 상황을 수없이 겪는다. 자신의 상사가 말도 안되는 이유로 이런저런 요구를 하는 것을 들어줘야 하는 것이다. 사람들은 논쟁을 하여 승리하고자 할 때, 때로는 누가 보더라도 말도 안되는 주장을 펼치기도 한다. 근거가 불확실한 주장을 사실처럼 포장하는 것이다.

이런 불합리한 회사 속에서는 미켈란젤로의 지혜가 필요하다. 상대의 기분을 상하지 않게 하면서 자신의 주장을 고수하는 것이다. 중세 스페인의 대문호 발타사르 그라시안(Baltasar Gracian)은 '진실은 대체로 눈에 보이지 귀에 들리지 않는다'라고 했다. 말로써 설득이 불가능할 때는 미켈란젤로처럼 한발 물러서서 상대의 주장을 들어주는 시늉을 취해 보자.

일본의 오모테나시 정신

일본 서비스업계에서는 '오모테나시(おもてなし)'라는 독특한 문화가 있다. 서비스를 할 때 세심하고도 특별한 배려를 추가하여 고객의 기억에 남을 수 있는 좋은 추억을 주는 것이다.

예를 들면, 포장지에 테이프를 붙일 때 끝을 조금 접어두어서 나중에 고객이 떼어내기 쉽게 하는 것이다. 비가 오는 날엔 종이봉투 위에 비닐팩 하나를 덧씌워 주거나, 상하기 쉬운 음식에 얼음팩을 함께 제공하는 것도 오모테나시의 좋은 예이다.

물건 하나를 팔더라도 물건 자체만이 아닌 그 이상의 서비스를 제공해서 손님을 만족시키는 것이다. 이러한 상대에게는 손님이라도 함부로 하기가 쉽지 않다. 상대를 조금이라도 더 생각해 주는 마음에 감동하기 때문이다.

이러한 오모테나시는 일본에만 존재하는 것이 아니다. 1900년대 초, 많은 독립운동가들이 활동을 위해 하와이로 이민을 갔다. 조선인들은 주로 오렌지 농장에서 일을 했는데, 오렌지 나무의 약한 가지 탓에 수확과정에서 나무를 곧잘 상하게 하였다. 이에 도산 안창호 선생은 비록 오렌지가 우리 소유는 아니지만 좋은 제품을 위해 가지가 상하지 않게 조심해서 오렌지를 수확하자고 동료들을 독려하였다. 이에 감동한 농장주는 조선인들이 하와이에서 재기할 수 있도록 많은 지원을 하였고, 하와이는 독립군 지원의 핵심기지가 될 수 있었다.

정 리

미래에 당신에게 도움을 줄 일이 전혀 없을 정도로 가치 없는 사람은 없다. 잘못은 종종 용서를 받지만, 모욕은 결코 용서받을 수 없다. 우리의 자존심은 모욕을 영원히 기억하기 때문이다.

— 필립 체스터필드

악인(惡人) 밑에서 현자(賢者)가 나온다

신입사원이 되어 회사를 다니게 되면 별의별 사람들을 다 만나게 된다. 인간적이고 친절해서 업무를 꼼꼼히 알려주는 직장상사도 있는 반면에 일도 제대로 가르쳐주지 않으면서 후임 교육에 무관심한 상사도 있다.

일반적인 시각으로는 전자의 직장상사가 모범적인 선생님이다. 아무것도 할 줄 모르는 백지상태의 신입사원에게 업무방법을 꼼꼼히 지도해 주어야 일을 시켜먹을 것이 아닌가. 그러나 일본 전자업계의 전설 마쓰시타 고노스케(松下幸之助)[1]는 이와 전혀 다른 경영 철학을 주장한다.

마쓰시타는 생전에 신입사원 환영회에서 항상 강조하는 말이 있었다. 그것은 **훌륭한 스승 아래에는 명인(名人)이 나오지 않는다는 것**이다. 대부분의 제자는 스승의 방법을 그대로 따라 하기 때문에, 자신의 선배 수준 이상의 발전을 보여주기 힘들다는 것이 그 이유다. 반면에 무관심하고 문제가 있어 보이는 상사 아래의 직원은 현자가 될

---

1 한국의 정주영 회장과 비견되는 일본 전자업계의 대표기업 마쓰시타 전기, 현재 파나소닉(Panasonic)의 창업주.

어느 정도의 가능성을 내포하고 있다. 현재는 힘들지만 일단 고난의 과정을 견뎌내면 스스로 업무의 문제점과 개선책을 깨우치게 되므로 선생님에게 배운 방법을 그대로 적용하는 것이 아니라, 내면의 창조력을 발휘하여 스승보다 한 단계 더 나아가는 청출어람을 이루게 되는 것이다.

체스터필드의 '아들에게 보내는 편지'

필립 체스터필드 백작(1694~1773)

필립 체스터필드(Philip Chesterfield)는 지금으로부터 약 300년 전에 살았던 영국의 저명한 외교관이었다. 17세기 영국 귀족사회의 일원이었던 그는 사회적으로 성공하기 위해서 교육이 얼마나 중요한지를 일찍이 깨닫고 있었다. 자신의 자녀에게 최고의 교육을 제공하길 원하는 모범적인 부모였던 체스터필드는 하나밖에 없는 그의 아들에게 인생에 대한 조언을 담은 편지를 주기적으로 발송하였다. 후에 이 편지들은 교육적인 우수성을 인정받고 전 세계적인 교육 부문 베스트셀러, 『아들에게 보내는 편지(Letters to His Son)』로 출간된다. 이 책은 국내에서도 90년대에 번역되어 한국 특유의 사교육 열풍과 맞물리면서 수많은 판매 부수를 자랑하기도 하였다.

이렇게 모범적인 부모가 제공한 훌륭한 교육 아래에서 성장한 아들

스탠호프(Stanhope)는 과연 어떤 위인이 되었을까? 아들을 향한 아버지의 지극한 헌신에도 불구하고, 아버지라는 그림자 아래에서 스탠호프는 빛을 발하지 못했다. 늘 이거 하지 말라, 저거 하지 말라 잔소리로 재촉해대는 아버지로부터의 압박감은 그에게 엄청난 스트레스로 다가왔다. 아들의 사회적인 성공만을 요구했던 체스터필드는 심지어 자신의 잘못된 결혼 경험을 바탕으로 아들에게 사랑하는 이와 결혼하지 말고 권력이 센 명망가의 딸과 결혼하라고 강요하기에 이른다.

불쌍한 아들 스탠호프는 늘 잘못된 행동을 하여 아버지의 명성에 먹칠을 할까 전전긍긍하며 스트레스를 받으며 평생을 살았다. 스스로 생각할 기회를 아버지 체스터필드가 앗아 갔기 때문에, 아버지가 정해 놓은 삶 속에서 무엇이 옳은 것인지 스탠호프는 자각하지 못했다. 성인이 되어서는 당시 상류사회 입문과정으로 여겨지던 영국 하원의회 연설자격을 아버지의 후광을 이용해 얻었지만, 그의 낮은 자존감으로 인해 발표를 망쳤고 귀족 사교사회의 웃음거리로 전락하였다. 그러다 늘 '아버지라면 어떻게 했을까'라는 질문만 되뇌이며 살다가 별다른 사회적 성공 없이, 결국 30대 초반의 나이에 요절하고 만다.

정 리

무능하고 무관심한 상사를 만난 것을 아쉬워하지 말라. 친절하고 꼼꼼한 상사가 늘 좋은 것만은 아니다. 문제점을 파악하여 개선할 수 있는 도약의 기회로 삼아라.

악행을 피하지 말라

선(善)과 악(惡)은 가장 원초적인 인간 내면의 양면이다. 사람은 어릴 적부터 교육을 통해서, 훌륭한 사람이 되기 위해 약속을 지키며, 계산적이지 않으며, 정직하게 살아야 한다는 것을 배운다.

하지만 이는 안정된 사회의 이상일 뿐이다. 이 책은 그런 시시콜콜한 이상향을 적기 위해 쓰여지지는 않았다. 애초에 우리 사회가 정의롭게 무리 없이 돌아가고 있었다면 지금 수많은 사람들이 고통받으며 매일 회사를 그만두고 싶어 하는 이유가 있겠는가? 원론적인 허상을 좇으려 하지 말고 실제 우리에게 필요한 것이 무엇인지 생각해 보아야 한다. 난세(亂世)에는 난세의 철학이 필요한 법이다.

16세기 분열된 유럽과 춘추전국 시대의 현인들은 오늘날 우리와 같은 난세에 살았다. 그런데 한 가지 흥미로운 점이 있다. 시대상은 모두 달랐지만 혼란스러웠던 사회를 한평생 살아가며 고뇌했던 그들이 내린 결론은 놀랍게도 서로 일치한다는 것이다. 그것은 바로 **'난세에는 정의보다 간교함이 살아남는다는 것'**

동서양의 변하지 않는 이 지혜를 바탕으로 어지러운 현시대에서는 유토피아적인 선(善)보다는 남에게 쉽게 배울 수 없는 악(惡)의 방법에 대해서도 교육받아야 한다. 인간의 악함을 이해했을 때야 비로소 혼란스러움에 익숙해질 것이고, 또한 악에 대처하는 법도 준비할 수 있기 때문이다.

마키아벨리의 '짐승의 방법'

마키아벨리는 악을 다루기 위해선 짐승의 방법을 배워야 한다고 말한다. 짐승의 방법에는 사자와 여우 이렇게 두 가지가 있다.

사자의 방법은 용맹스럽게 상대를 공격하여 밀어붙이는 것이다. 적의 약점을 향해 부도덕한 방식으로 공격해대면 아무리 강한 적이라도 상대는 기세에 눌려 순간 움찔할 수밖에 없다. 하지만 사자는 상대의 함정으로부터 자신의 지키기 어렵다는 단점도 있다.

두 번째 방법은 교활하게 기만하는 여우의 방법이다. 제3자를 교묘히 조종하여 상대가 곤란에 빠지게 하면, 적은 당신이 함정을 기획한 줄도 모르고 고통스러워하며 허우적대게 된다. 파괴력으로는 사자 못지않은 강력한 공격력이 있는 여우지만, 일단 그 간사한 술수가 한 번 발각되면 늑대(힘이 센 상대)로부터 자신을 지킬 힘을 지니고 있지는 않다.

마키아벨리는 함정을 식별할 때는 여우의 방법을 쓰고, 늑대를 이기기 위해선 사자의 방법을 쓰라고 조언한다. 여기서 특히 한국인이 부족한 면은 여우의 방법이다. 성격이 급하고 참을성이 없는 한국인은 무작정 사자의 방법에만 의존하여 결국 여우의 함정에 쉽게 빠진다. 현명한 사람이라면 여우가 되어야 한다.

관리자는 사람들이 훌륭한 자질이라고 생각하는 모든 것들을 따를 수 없다. 자신의 팀, 회사를 위해 악(惡)을 행하여야 할 필요가 있다. 또한, 어떻게 악해질 수 있는지 이해하고 있어야 한다. 회사는 늘 위험으로 가득 차 있기 때문에, 이에 대처하려면 리더는 잔인하다는 평판을 피할 수 없다. 팀원들의 단결과 충성을 유지하고자 한다면 리더는 잔인하다는 오명에 개의치 않아야 한다. 예를 들면, 약속을 지키는 일이 자신에게 불리해지거나 약속한 이유가 없어진 경우, 관리자는 자신이 약속한 내용을 스스럼없이 파기할 수도 있어야 한다.

회사 사람들은 당신을 평가할 때 늘 결과로 판단한다. 당신의 모든 처지를 세세히 알고 있는 사람은 소수에 불과하다. 그리고 이 소수의 사려 깊은 사람들은 다수의 의견에 절대 반대하지 못한다. 좋은 결과가 있는 한, 적들은 당신이 악한 방법도 서슴지 않고 저지르는 부도덕한 사람이라는 사실로 당신을 공격하지 못한다.

악덕을 피하는 것이 불가능할 때는 크게 신경 쓰지 말고 일을 계속하자. 악마의 방법 없이 회사 또는 자신을 구하기 어려운 상황이라면 그런 악으로 인해 나쁜 이미지를 뒤집어쓰는 일에 개의치 않아야 할 것이다. 입으로는 언제나 정의와 명분을 이야기하면서, 실제로는 여우의 방법을 쓰는 기만책을 사용하자. 그렇지 않으면 당신은 자신 스스로를 혹은 당신의 팀을 곤란에 빠뜨릴 것이다. 다시 한 번 더 강조하지만, 항상 **선하려고 노력하는 사람은 선하지 않은 사람들로 인해 반드시 파멸**하게 되어 있다.

정 리

"가혹한 상황과 왕국의 새로움은 나로 하여금 그런 무자비한 조치를 취하게 하고 그렇게 해서 국경 전체를 지키게 만드네."

— 로마제국의 어느 황제

적을 만들지 말라!
단, 불가피하다면…

사회생활을 하면서 적을 만들지 않는 일이란 여간 어려운 일이 아닐 수 없다. 특히 다양한 사람들과 지속적으로 커뮤니케이션해야 하는 회사 내에서는 더욱더 그렇다. 업무처리를 함에 따라 이해관계에 얽힌 수많은 사람들의 경멸을 사기 쉽기 때문이다.

경우에 따라선 미움의 대상이 옆에서 숨 쉬고 있는 것조차 저주스럽게 느껴진다. 저 사람이 경쟁자이고, 무능한 녀석이며, 그 높은 경쟁률을 뚫고 이 회사에 들어온 녀석이다.

동서고금을 통해 결론을 내려 보면, 아무리 힘이 약한 적이라도 적을 만드는 것은 결코 당신에게 좋은 일이 아니다. 하지만 우리는 회사에서 적을 만들지 않고서는 살아갈 수가 없기에, 이 장에서 몇 가지 방안을 제시하고자 한다.

첫째로, 어쩔 수 없는 상황에서 적이 된다고 하더라도, 그 **적과 절대 감정적으로 대립하지 말자.** 이번 사안에 있어서는 적이지만 나중에 소주 한 잔이나 담배 한 개비 태우면서 의견교환을 자연스럽게 할 수 있는 상대로 남겨 두어라. 상대방이 불이익을 입게 되는 업무적 결정을 할 수밖에 없다면 사전에 어느 정도 그럴 수밖에 없는 상황을 설명하고 이해를 구하라. 영원한 동맹도 적도 없는 현시대에서 당신의 적은 미래에 당근을 이용하여 긴요히 써먹을 때도 있기 때문이다.

당신이 적과 감정적으로 첨예하게 대립하는 순간, 적은 당신을 반드시 파멸시키겠노라 다짐한다. 그리고 만약 당신이 사소한 실수라도 하는 날에는 적은 당신을 끝까지 물고 늘어지며 필요 이상으로 괴롭힐 것이다.

위의 노력에도 불구하고 아무리 당신이 노력한다 한들 **소수의 절대적인 적(이런 상대는 그 수가 절대로 많아서는 안 된다)**은 존재하기 마련이다. 아무리 생각하고 계산해 본들 당신의 영원한 주적으로밖에 남을 수 없는 상대라면, 차라리 철저하게 부숴버려라. 단 한 번의 공격으론 부족하다. 상대가 복수를 꿈꾸며 후일을 기약할 수 있는 그런 여유조차 주지 말라(가능한 피해가 막심하고 신속한 공격이어야 효과는 배가 된다). **가능하면 적군이 회사를 나가게 하는 편(회사 간 싸움이라면 상대 회사를 문 닫게 하는 것)이 가장 좋다.**

이렇게 무자비하게 상대를 밀어붙일 자신이 없다면, 차라리 어설픈 타격 따위는 시도조차 하지 말라. 괜스레 상대방의 전의만 불러일으키게 되기 때문이다.

마지막으로 완전 점령이 코앞에 있다면, 한낱 동정심에 이끌려 절대 자비를 베풀지 말라. 애초에 봐줄 생각이었다면 공격조차 시도하지 않았던 것이 옳다. 인간의 본성은 태어날 때부터 복수하는 동물이기 때문에 여지를 남겨두면 나중에 반드시 후회하게 되기 마련이다.

장제스(蔣介石)의 실수

장제스(1887~1975)

제2차 세계대전 당시 일본군을 상대로 용감하게 싸웠던 장제스의 중국 국민당 군대는 일본이 연합국에 항복하자 전후 복구를 시도할 새도 없이, 만주에서 활동 중인 중국공산당을 공격하겠다고 전격 발표해 버린다. 국경선을 유지하고 중국본토 장악에 힘쓰라는 동맹국 미국의 조언에도 불구하고 그는 정예부대를 모두 투입하기로 결정했다.

농민의 지지를 얻은 중국공산당 게릴라는 목숨을 걸고 싸웠지만, 일본군과의 전투 경험이 풍부했던 국민군의 우수한 전투력에는 중과부적이었다. 인해전술로밖에 버티지 못하는 경무장한 공산군과 달리, 국민당은 강력한 포병부대와 미국으로부터 지원받은 최첨단의 공군 전력이 있었기 때문이다. 또한, 미국 버지니아육군군사학교에서 교육받은 순리젠(Sun Lijen) 같은 우수한 장교들도 국민군의 전투력의 든든한 핵심을 담당하고 있었다.

외교적으로도 중국공산당은 고립된 상황이었다. 국제사회에서 중국을 대표하는 유일한 합법정부는 장제스의 국민정부뿐이었다. 심지어 같은 사회주의 국가였던 소련조차 중국 공산당을 하나의 국가로 인정하지 않고 국민당을 중국의 주인으로 보았다.

이처럼 거칠 것이 없었던 국민군은 1946년 초, 만주 공격의 초입지인 쓰핑제(Sipingjie)에서 공산군을 상대로 큰 승리를 거두고 남(南)만주를 점령하였다. 이에 공산군은 철도를 따라 북쪽으로 도주할 수밖에 없었다. 공산군 사령관 임표(林彪)는 이대로 국민군이 계속 북진하면 공산군의 중심지 하얼빈을 포기할 생각이었다. 이미 창춘의 공산군 10만 명 중 절반 이상을 잃었기 때문이었다. 중국에서 공산당이 승리하리라고 예상한 사람은 아무도 없었다. 공산군 수뇌부는 만주를 떠나 척박한 땅인 몽골에 망명정부를 수립하려는 계획까지 짜두었다.

이윽고 하얼빈 함락이 임박한 그때, 장제스는 그 누구도 예상하지 못한 결정을 한다. 갑자기 무기한 공격중지라는 알 수 없는 명령을 내린 것이다.

국민군의 군사령관들은 장제스의 명령을 전혀 이해할 수 없었다. 하얼빈만 점령하면 공산군은 와해될 것이었지만 장제스는 몹시 화를

1946년의 중국 지도

내며 공격건의를 제고하였다. 공격을 중단한 직후 얼마 지나지 않아 장제스가 베푼 자비는 국민당에게 치명적인 결과를 불러일으켰다. 공산군은 군을 재편할 충분한 시간을 벌었고, 일본군이 버린 무기와 소련으로부터 지원받은 야포로 포병부대를 신설했다. 흩어진 농민과 노동자들을 순식간에 불러 모아 전체전력은 순식간에 100만여 명에 육박했다. 구일본군의 대공포로 국민당의 수송기를 하나하나 격추해 나가며 괴롭히자 장제스의 정예군은 보급을 받지 못하고 드넓은 평야에 외로이 고립되었다. 결국 지루한 소모전 끝에 보급을 받을 수 없었던 만주의 국민군은 공산군에 포위되어 항복하게 된다.

순식간에 모든 정예군을 잃은 국민당은 중국 본토라도 사수하려고 노력했으나, 오랫동안 군대 없이 방치되어 있었던 본토에서의 국민당 장악력은 그야말로 최악이었다. 부패는 만연했으며, 암시장은 비대해졌고, 정권 유지를 위해 지나친 폭력을 용인한 국민당 정부는 내부적으로도 무너졌다. 일례로 국민당은 타이완 섬에서 1947년 발생한 2·28 민중봉기 사건에서만 약 3만 명의 국민을 살해하였다. 그 후 국민당 정부는 만주 패전 이후 불과 3년 만인 1947년 12월에 본토의 모든 영토를 잃고 타이완 섬으로 쫓겨나듯 후퇴했다.

장제스가 실수하지만 않았더라면 아시아에서의 냉전은 없었을 것이다. 상하이는 동아시아 최대의 무역항으로 계속 남았을 것이고, 중국 해안에는 대규모 공장들이 들어섰을 것이다. 중공이 1980년대 후반에 개방정책을 실시했을 때 얻은 두 자릿수의 경이적인 성장률, 대규모 수출, 기록적인 경제 붐이 1950년대 국민당 정부에 있었을 것이다. 북한의 김일성은 강력한 중화민국의 견제로 한국 전쟁이라는 모험을 강행하지 못했을 것이다. 또한, 인도차이나 전쟁, 베트남 전쟁, 캄보디아 전쟁, 그리고 대만 해협의 위기도 없었을 것이다. 수백만의 아시아인의 생명은 물론이고 베트남에서 전사한 10만 명의 미군과 5,000명의 한국군도 없었을 것이다.

이 모두가 **승리감에 도취되어 적에게 자비를 베푸는 단 한 사람의 전략적 실수로부터 기인**한 일이다. 적에게 자비를 베푸는 순간 적은 여유를 되찾고 반드시 복수한다는 사실을 망각한 것이다. 애초에 공격 따위 하지 않고 만주를 제외한 중국 대부분을 장악하며 국경선에서 버텨야 했다. 미국의 반대에도 불구하고 공격을 꼭 했어야 했으면 모든 공산군을 잔인하게 분쇄해 버렸어야 했다. 그랬다면 장제스는 훗날 조그마한 타이완 섬에서 하얼빈 공격 중지명령이 자신의 최대 실수였다며 자신의 과오를 후회하며 쓸쓸히 자책할 필요가 없었을 것이다.

마키아벨리도 정복한 국가를 어떻게 통치해야 할지 고민하면서 적군을 다루는 법에 대해 고찰한 적이 있다. 마키아벨리는 인간들이란 다정하게 대해 주든가 아니면 아주 짓밟아 뭉개 버려야 한다고 주장한다. 인간이란 **사소한 피해에는 어떻게든 보복하려 들지만, 어마어마한 피해에 대해서는 감히 복수할 엄두조차 못하기 때문**이다. 따라서 이왕 적들에게 피해를 주려면 아예 크게 주라고 조언한다.

이러한 전략은 고대 삼국시대 역사에서도 확인된다. 고구려는 5세기 무렵 영토의 남쪽에 있는 평양성으로 수도를 옮기고(427) 백제를 공격하여 한강유역을 차지한다. 백제의 수도가 있었던 한강유역을 얻으면서, 고구려는 한강유역의 백제 지도자들을 제거하고 군대를 주둔시키는 것만으로 만족했다. 그리고 그 후 고구려는 100여 년밖에 안 되어 6세기에 신라에게 손쉽게 한강유역을 빼앗긴다. 신라는 한강유역을 경영하는데 고구려와는 다른 점령지 정책을 취했다. 고구려 세력을 해당 지역에서 제거하는 것에 끝내지 않고 자국민을 대규모로 이주시켜 한강유역에서의 고구려와 백제의 흔적을 완벽히 지워버린 것이다. 철저히 신라화 된 한강유역은 이후 궁예가 후고구려를 세울 때까지(901) 약 400년간 신라의 차지가 된다.

다시 한 번 강조하지만, 모든 인간은 다 선하지 않다. 당신의 적을 제거하기 위해서 부정한 수단을 사용할 수밖에 없다면 주저 없이 그런 수단을 활용하는 것이 더 합당할 때도 있다. 성선설, 성악설 같은 선악론을 논하자는 것이 아니라, 대의를 위해 계략이나 기만 같은 비윤리적인 방법을 거리낌 없이 사용하는 것이 좋을 때도 있다는 것이다.

정 리

아무리 힘이 약한 세력이라도 적을 만드는 것은 결코 현명한 선택이 아니다. 하지만 영원한 적으로 남을 수밖에 없다는 확신이 들면, 교묘한 계획을 이용해 복구가 불가능할 정도의 막대한 피해를 안겨줘라. 상대가 당신에게 복수할 여유조차 없게 말이다.

속이는 사회
(사기꾼 감별법)

리처드 휘트니(Richard Whitney)는 1930년대 미국뉴욕증권거래소의 이사장이었다. 그는 대대로 보스턴의 저명한 귀족 가문 출신이었고, 유명증권사를 운영하고 있던 저명인사였다. 미국의 연간 평균 국민소득이 700달러였을 때, 그는 개인적인 사치를 위해 한 달에 5,000달러를 소비할 정도로 부자 중의 부자였다.

하지만 이러한 집안 배경과는 달리 그의 능력은 형편없었다. 그의 동생 조지(George Whitney)가 최고의 투자회사 JP모건의 시니어 파트너(고위임원)로 활약하고 있을 때, 리처드는 사업에 이해가 부족하여 부진한 모습을 보이고 있었다. 집안의 명성을 이용해 하버드 대학을 나왔지만, 그의 경영 감각은 명문이 아니었다.

결국 그는 투자의 실패와 개인적인 사치 때문에 주변으로부터 돈을 빌리기 시작했다. 그가 귀족 출신이자 유명증권사를 소유하고 있고 증권거래소 이사장이라는 것은 알려진 사실이었기 때문에 주위 사람들은 리처드의 거짓말에 속아 담보도 없이 큰돈을 빌려주었다.

그는 순식간에 월스트리트의 동료들에게 500만 달러를 빌렸고, 동생 조지에게는 300만 달러를 받았다. 리처드는 단기간 빌린 돈을 높은 이자로 갚으며 자신의 명성을 유지하기 위해 더 많은 돈을 소비했다. 분수에 넘치는 소비와 과도한 이자 부담으로 인해 그의 재정은 바닥을 드러냈고, 결국은 뉴욕증권거래소 임직원들의 경조사기금까지 횡령하기에 이른다. 그가 경찰에 체포되었을 때 1차적인 피해 금액만 무려 2,500만 달러에 이른다는 것이 확인되었다.

리처드에게 돈을 빌려준 사람 중 바보는 한 명도 없었다. 다들 명문대학 출신에 세계 최고의 이너서클(Inner Circle: 사회 핵심권력층)이라는 월스트리트에서 잔뼈가 굵은 베테랑들이었다. 하지만 그들은 순순히 자신의 돈을 내어줬다. 어떻게 된 일일까?

우리 주변도 크게 다르지 않다. 한국에 있으면서 누구나 사기를 직접 당한 경험이 있거나, 주위에서 당한 경우를 본 경우가 있을 것이다. 한국의 경우 사기범죄의 형량이 낮아 사기범이 전세계적으로 유래를 찾아볼 수 없을 만큼 많다고 한다. 실형선고를 기준으로 하여 옆 나라 일본에 비해 인구대비 사기 범죄는 120배, 무고죄는 1,200배, 위증은 700배 많다고 한다. 규모 면에서 세계 1위를 달성하고 있는 셈이다.

사기는 한 번이라도 당하게 되면 자신(혹은 회사)에 치명적이기 때문에 주의를 기울일 필요가 있다. 사기의 대상은 개인과 기업을 구분하지 않는다. 실제로 건실한 중견기업이 사기 때문에 문을 닫는 경우가 허다하게 있어 왔다. 따라서 본 챕터에서는 아래와 같이 사기꾼 감별법을 제공하고자 한다. 당신이 아는 사람 중 아래 리스트 중 다섯 개 이상 해당하는 사람이 있으면 사기꾼일 확률이 높다.

청산유수형

사기꾼은 말이 많다. 다른 사람의 의견을 경청하지 않고 자기 말만 계속하여 피해자를 세뇌시킨다. 사기꾼의 말은 마치 청산유수처럼 빠르고 끊임없이 계속된다. 보통의 사람 같으면 '아…', '어… 뭐였더라…' 하며 중간중간 생각하며 말이 끊기기도 하는데 사기꾼은 그렇지 않다. 이는 사기꾼이 멘트를 미리 준비하고 외워두었기에 그렇다. 즉, 사기꾼이 빠르게 뱉어내는 말들은 다른 피해자에게도 똑같은 내용으로 내뱉어지고 있을 가능성이 크다.

접대영업형

사기꾼은 피해자에게 자비로 값비싼 식사도 대접하는 등 인간적으로 대해 왔을 경우가 많다. 짧게는 수년에서 길게는 10년까지도 사기꾼은 예비피해자들에게 수백, 수천만 원을 들여 공을 들인다.

따라서, 사기꾼에 대한 주변 사람들의 평이 좋을 수밖에 없다. 술 잘 사고, 밥 잘 사면서 인맥을 유지시키며 마지막 결정적인 타이밍을 맞춰 피해자의 모든 것을 앗아간다. 사기꾼들은 피해자에게 술 사주는 대접 등을 '투자'라고 생각한다.

사기가 일단 발각되면 그 친절하고 인상 좋던 사람이 180° 달라지며 완전히 다른 사람으로 변모한다. 갑자기 욕을 하거나 폭력적으로 변하고 오히려 적반하장으로 경찰을 부른다는 등 심리상태가 무너지는 얼굴 표정을 지으며 어떻게 하면 이 상황을 모면할까 집중적으로 생각한다.

박학다식형

정치, 증권, 선물, 국제정세, 환율 등에 대한 지식이 해박하고, 사회적 지위가 높은 사람들을 많이 아는 등 인맥이 화려하다. 다양한 분야에 관한 지식으로 수년간 당신에게 경제적(부동산, 증권, 투자 등)으로 도움을 주며 자신을 신뢰하게 만들고 결국엔 의지하게 만든다. 때로는 피해자가 잘 모르고 확인하기 힘든 분야에 대한 이야기를 알려주듯이 많이 한다.

유명인을 많이 안다고 해서 그 사람을 절대 신뢰하면 안 된다. 실제로 사기를 당했다는 사실을 자각한 후, 사기꾼이 만나던 유명인들을 찾아가 보면 의외로 사기꾼을 만나준 이유가 단순하다(학교 후배여서 몇 번 행사 때 만났다든지, 같은 지역 출신이어서 한 번 만났다든지, 사기꾼이 만나고 싶다고 하여 호기심에 한 번 만났다든지 등). 사기꾼은 유명인과 깊은 관계가 아닐 가능성이 크며, 깊은 관계였더라도 단순한 친목 이상의 관계는 아니다. 따라서 유명인사와 같이 찍은 사진이나, 사기꾼의 휴대전화에 저장된 권력자의 연락처 등에 현혹되지 말라.

패션리더형

사기꾼은 옷을 잘 입는다. 깔끔한 고급브랜드를 선호한다.

재물과시형

자동차, 사무실, 주거지가 굉장히 고급이다. 허나 알고 보면, 그냥 부모님의 집(부모가 부자라고 사기를 안 친다는 보장은 없다)이거나 단기간 리스한 경우가 많다. 대형 항공사의 비즈니스 항공권을 많이 이용해서 마일리지가 수백만 마일이라고 자랑하거나, VIP 회원이라 항공사에서 특별한 대우(승무원이 앞에서 무릎을 꿇고서 서비스한다든지)를 받는다는 등 평소 몰랐던 항공사의 고급 서비스 내용을 자랑한다. 유명인사들이 많이 다니는 고급호텔의 회원권이 있다며 호텔사우나에 같이 가자고 권유할 수도 있다. 자동차의 경우는 옵션이 거의 없는 깡통차를 소유하거나 리스한 경우가 많으니, 차의 옵션이 최고급 사양인지 확인해 보라.

아이컨택형

전화를 하기보단 직접 만나 눈을 보면서 이야기하기를 좋아한다. 천성적으로 사람 만나는 일을 좋아한다며 인간적인 면모를 내세워 현혹한다.

매진임박형

지금이 아니면 안 될 것처럼 이야기한다. 나중에는 기회가 없다는 식으로 이야기한다. 돈거래에 있어서 시간이 촉박하다며 재촉한다.

검은 머리 외국인형

미국 영주권 또는 시민권, 일본 영주권같이 미주, 유럽, 호주, 일본을 비롯한 선진국가의 영주권이나 시민권이 있다고 자랑하듯 떠벌린다. 하지만 실제로 해당 국가의 여권이나 영주권을 직접 보여준 적은 없다.

사치형

호화로운 사치품(외제차, 양주, 시가담배, 만년필, 향수, 기타 명품 등)에 대한 지식이 많다. 부유한 행세를 많이 하며 돈이 많이 드는 스포츠나 취미활동을 즐긴다(다 부질없는 사치일 뿐이다). 트로피 와이프로 이용하기 위해 굉장히 미인인 부인이나 애인을 두는 경우도 있다. 대개 술집 여자이거나 성형을 많이 한 경우가 많다. 아내가 과거 연예인을 하려 했다든지, 실제로 연예생활을 했다는 등의 거짓말도 한다. 사기꾼에게는 아내나 애인도 자신을 홍보하는 도구일 뿐이다.

학벌형

본인 이외의 경로로 확인하기 힘든 학벌을 이용한다. 해외 유명대학을 많이 들먹이며, 국내 학벌인 경우엔 졸업자가 매우 많아 동기간에 확인이 어려운 국내 명문대학을 주로 이용한다. 고등학교의 경우는 더더욱 확인하기 어렵기 때문에 경기고, 서울고, 경복고 같은 수도권의 명문이나 경남고, 광주일고 같은 지방거점 명문고의 이름을 팔아도 피해자들은 쉽게 속아 넘어간다.

홍길동형

전화번호가 자주 바뀌고 2대 이상의 휴대전화를 가지고 있다(참고로 한국에서는 한 명당 본인 명의로 4대의 휴대전화까지 개통이 가능하다). 과시를 위해서 휴대전화 번호 끝자리가 0001이나 7777 같은 특이한 번호를 돈을 주고 구매하기도 한다(통신사에 아는 사람이 선물을 해줬다는 둥 둘러댄다).

건강파괴형

타고난 좋은 인상으로 행복해 보이지만, 실제로는 남들이 자신의 거짓말을 눈치채지 못하도록 신경 써야 해서 정신적인 스트레스를 많이 받는다. 고혈압 등 신경성 질환에 시달릴 가능성이 있으며 사기가 발각되기 몇 개월 전부터는 몇 달 만에 살이 10kg 이상 찌는 등 외모에 급격한 변화가 올 수도 있다. 거짓말을 밥 먹듯이 하는 사기꾼 특성상 밤에 잠을 잘 자지 못하는 불면증이 심하며 악몽을 자주 꾸기도 한다. 흡연, 알코올, 및 수면제 등에 의존하려는 심리가 강하며, 자동차 운전도 불안하여 위험하게 할 수 있다. 경우에 따라선 건강을 전혀 생각하지 않고 몸에 나쁜 음식만 집중적으로 섭취(미래가 없으므로 제멋대로 행동함)한다. 때로는 이와는 정반대로 자기 신체를 끔찍이 생각하며 건강식, 유기농 야채, 비타민, 영양제 등을 병적으로 챙기는 경우도 있으니 주의해야 한다.

가족동원형

사기꾼의 일가 친척들의 직업이 화려하다. 검사, 의사, 중소기업사장, 정치인, 해외기업근무자(외국에서 근무) 등 전문직이 많다.

신비주의형

자신의 주소지, 직장, 담당하는 업무를 구체적으로 세세히 알려주지 않는다.

장기투자형

사기 칠 타이밍을 계획해 둔다. 그 타이밍이 올 때까지, 짧게는 수년에서 길게는 10년 이상을 피해자 옆에서 사기를 위한 작업을 한다. 교회, 취미활동, 학벌, 모임, 투자 등 모든 경로를 통해 접근한다.

일정 시점이 다가오면 미리 세뇌시켜 두었던 피해자의 돈도 뺏고, 피해자의 인맥을 동원해 피해자 지인들 돈까지 모조리 삼켜버린다. 정해둔 타이밍 시기가 다가올수록 친한 지인들만 가려서 투자받던 사람이 갑자기 소액 투자금도 분별없이 모두 받아준다.

장기간 공을 들인 후 주위 사람들로부터 한 번에 거액을 빨아들이고 난 후에는 소리 소문 없이 잠적하는 수법을 쓴다. 사기꾼과의 전화통화, 집 방문 등 어떠한 연락도 닿지 않는다.

피해자들이 사기를 당하는 경우에 피해자들끼리의 커뮤니케이션이 열악한 경우가 많다. 사기꾼과의 인간관계를 위해 돈을 빌려준 사실을 서로 쉬쉬하다가 사기를 맞고 나서야 모두들 돈을 빌려줬다는 사실을 깨닫는 것이다. 사기꾼에게 빌려준 사실을 사기를 맞기 전에 피해자끼리 이야기한다 해도 실제 금액보다 훨씬 적은 금액을 빌려줬다고 하는 경우도 있다(당했다는 사실을 알기 전까진 사기꾼과의 관계를 좋게 유지하려고 피해자 스스로 선의의 거짓말을 하는 것이다). 그러므로 사기꾼이 여기저기서 돈을 구하러 다닌다든지, 자꾸 돈 빌려달라고 단기간에 여러 차례 부탁을 해오면 의심부터 하라.

선소후대(先小後大)형

사기꾼은 작은 것부터 요구한다. ATM에 가기 귀찮다든지의 이유를 둘러대 소액(50만 원에서 수백만 원 정도)을 빌린 후 성실히 제때에 잘 갚는 모습을 보여준다. 또는 투자금에 대한 수익금을 꼬박꼬박 제날짜에 지급해 준다. 그러다 정해둔 타이밍이 오면 한순간에 큰돈을 빌리고 잠적한다. 빌린 돈을 제때 갚는 성실한 모습에 현혹된 피해자는 저번처럼 쉽게 돈을 회수할 것이라는 생각에 큰 금액도 너무 쉽게 내어주는 실수를 한다.

가정불화형

사기꾼은 이혼, 별거 등 가족과 관계가 좋지 않을 확률이 높다. **가족도 못 믿는 사람을 믿을 수는 없다.** 그 사람과 가장 오랜 세월을 지낸 사람은 가족밖에 없으므로 가족이 그 사람을 가장 잘 알기 때문이다. 추후 잘못되었을 경우를 대비하여 부인이든 형제든 그 사람의 가족을 반드시 동반하여 만나보고 연락처를 미리 확보해 두어야 한다. 그리고 가족들이 사기꾼을 대할 때 어떻게 대하는지 잘 관찰하라. 오랜 세월을 함께한 가족이 존경과 신뢰의 눈빛으로 본다면 사기꾼이 아닐 가능성이 높고, 반대로 한심하게 쳐다본다면 사기꾼일 가능성이 크다.

포장지형

사기꾼은 자신을 굉장히 성공한 사람으로 포장한다. 하지만 이를 확인할 방법은 사기꾼이 직접 한 이야기뿐이다. 다른 경로로 이 사람이 능력이 좋은 사람이라는 정보는 확인하기 힘들다.

재야고수형

사기꾼은 생각이 보통사람같이 않고 특이해서 뛰어난 기인처럼 보인다. 사고방식이 독특한 매우 똑똑한 사람처럼 느껴지는 것이다. 사람들은 예측이 가능한 평범한 사람을 존중하지 않는다. 그런 사람들이 보기에 예측 불가능의 사고를 하는 사기꾼은 항상 돋보이기 마련이다. 그러면서 사기꾼은 자연스럽게 신비감을 조성할 수 있다. 그리고 한번 집중된 관심을 얻은 사기꾼들은 이를 절대 놓치는 법이 없다.

이런 특이한 사람들은 재미있고 매력적이지만 당신에게 좋은 친구가 되어주기 힘들다. 사고방식이 일반인과 거리가 있다는 것은(좋은 의미이든, 나쁜 의미이든) 추후에 당신을 비정상적인 방식으로 얼마든지 속일 수 있다는 의미이기 때문이다.

1900년대 전설의 사기꾼 빅토르 루스티히(Victor Lustig)는 프랑스 파리에서 일본인 운전사를 고용했다. 그가 고급자동차로 호텔에 도착하면 많은 사람들이 동양에서 온 이국적인 운전사에 호기심을 보였다. 그가 호텔에 도착하기가 무섭게 많은 전보들이 호텔 프론트로부터 그에게 전달되었는데, 당시의 값비싼 전보 송신비를 생각해봤을 때 그는 매우 중요한 정보들을 다루고 있는 것처럼 보였다. 사실 그 전보는 루스티히가 자신에게 직접 보낸 아무 내용도 없는 전보였다. 하지만 이러한 루스티히의 기행 때문에 사람들의 관심은 커져만 갔고, 귀족 사교계에서 그와 교제하고 싶은 사람의 수는 늘어만 갔다.

유럽에서의 사기에 흥미를 잃은 루스티히는 미국으로 건너가 위조지폐를 만드는 기계를 사람들에게 판매한 적이 있었다(물론 기계는 작동이 안 되는 가짜였다). 그에게서 위폐기계를 구매한 사람들은 사기를 맞았다는 사실을 나중에 알았지만, 위조지폐를 만드는 것은 불법이었기 때문에 아무도 경찰에 신고를 할 수 없었다.

한 번은 피해자 중 한 명이 복수심에 권총을 들고 루스티히를 찾아내 납치를 시도 적이 있었다. 자신의 목숨이 달린 급박한 상황에서도 루스티히는 전혀 당황한 기색이 없었다. 그는 피해자가 기계의 작동법을 잘 알지 못해 벌어진 일이라며 기계에 관련된 어려운 전문용어를 동원해가며 끊임없이 설득했다. 그러면서 피해자로부터 받은 돈을 모두 환불해 주며, 집에 돌아가서 기계를 올바른 사용법으로 다시 작동시켜 보라고 설득하였다. 기계가 정상적으로 작동하면 다시 돈을 돌려주라고 하면서 말이다. 어려운 전문용어에 현혹된 피해자는 그를 풀어줄 수밖에 없었다. 그리고 그 피해자는 일주일 뒤 위조지폐 사용 혐의로 경찰에 체포되었다. 기계가 정상적으로 작동해 위폐를 만든 것이 아니었다. 실은 기계는 여전히 작동하지 않았다. 다만 루스티히가 환불해 주며 돌려준 돈이 위조지폐였던 까닭이다.

보여주기형

정치에 뛰어들겠다는 둥 투자회사를 설립하겠다는 둥 보통사람이 실천하기 어려운 일을 하겠다고 한다. 정치 관련 서적을 쌓아두고 독서하는 모습을 예비피해자들에게 보여주거나, 복잡한 증권 선물 관련 전문가 프로그램을 모니터에 띄워놓고 외국 경제뉴스를 들으며 늘 시장동향을 살피는 척을 한다. 이런 모습을 수년 동안 보여주기 때문에 피해자들은 속기 쉽다.

국정원 에이전트형

사기꾼은 자신이 국정원과 관련되어 있거나, 통역, 사업 등 이유로 국정원과 함께 일했던 적이 있는 사람이라고 거짓말을 한다. 일반인이 쉽게 갈 수 없는 아프리카나 중동의 나라를 국정원과 함께 다녀왔다며 사진을 보여줄 수도 있다.

이런 경우는 의심할 여지가 없다. 국정원의 '국'자만 나와도 사기꾼임을 직감하라. 이것은 필자가 100% 보증할 수 있는 내용이다.

추가적으로 국가유공자임을 들먹이며 자신이 죽으면 현충원에 묻힐 예정이라는 애국자적 면모(물론 거짓말)를 보이기도 한다.

안정적 투자가형

매우 그럴싸한 투자제안을 하며 다른 투자처보다 높은 수익률을 강조한다(실제로 그런 투자처가 있으면, 사기꾼 혼자 몰래 투자할 것이다). **세상엔 쉬운 돈벌이가 없다는 사실을 망각하지 말라.**

먼저, 안전한 거래임을 강조하기 위해 각종 법적 서류(차용증, 공증 등)를 완벽하게 만들어 주며 피해자를 안심시킨다. 아무리 서류가 완벽하더라도 사기꾼은 법정에서 잡범 취급을 받기 때문에, 사기꾼이 곤란에 빠지는 경우는 거의 없기 때문이다. 차용증 등 돈을 빌려준 기록 및 서류가 있어서 사기꾼을 재판에 넘겨도 초범인 경우 집행유예로 풀려나는 경우가 많다. 재범의 경우 1~2년 감옥에 살다 나오는 것이 대부분이다(수백억대 사기를 저질러도 형량이 3년을 넘어서는 경우는 드물다).

돈이 묶인 곳이 있다며 증거(거액이 들어있는 가짜통장, 부동산 서류, 자신이 소유하고 있다는 공장 등)를 보여주며, 묶인 돈이 풀릴 때까지만 돈을 빌려

주라고 할 수도 있다. 또는 공장을 매각하려고 하는데 인수하겠다는 쪽에서 정규직원들을 모두 퇴직시켜주면 더 큰 금액을 지불하겠다고 제안을 했다며 자신에게 퇴직금 마련을 명목으로 돈을 빌려주라고 할 수 있다. 퇴직금 등만 준비가 되면 훨씬 많은 공장매각대금이 자신에게 들어와 이익을 많이 보니 피해자가 도와준 돈은 높은 이자로 짧은 기간 안에 갚는다고 유혹한다(공장 매각과 함께 잠적하는 경우가 대부분이다. 또는 공장 자체는 애초부터 없었을 수도 있다). 피해자들은 사기꾼이 돈이 많으니 사기를 칠 이유가 없다고 확신한다. 그리고 사기당한 것을 자각하려면 꽤 오랜 시간이 걸린다.

눈물연기형

사기가 발각되면 잠적했다가 일정 기간이 지나면 다시 모습을 드러내는 타입이다. 피해자들에게 참회하는 모습을 보이며 재기를 도와주면 빌린 돈을 성실히 갚겠다면서 피해자들의 동정심을 구한다. 이것은 피해자들로부터의 고소를 최대한 피하며 형량을 깎거나 탄원서를 받아낼 목적으로 연기를 하는 것이다. 속으로는 전혀 반성하지 않는 반사회적 인격 장애이니 조심해야 한다. 의학적으로 소시오패스에 해당하는 사람들이 이렇게 동정심을 구하는 연극을 자주 펼쳐 원하는 것을 얻는다는 연구결과가 있다.

인맥관리형

사기꾼은 사람들에게 먼저 연락하여 주변 지인들을 챙긴다. 타고난 사회성으로 주변 사람들에게 주기적인 연락을 하여 인맥을 지속

시킨다.

현금다발형

신용카드 대신에 불편하더라도 고액의 현금을 지니고 다닌다(신용카드도 있지만 주로 현금을 쓰는 모습을 자랑하듯 보여주어 환심을 산다). 모임 등에서 회식을 할 때, 50만 원쯤은 쉽게 한턱 내는 모습을 여러 번 보여주고, 유흥업소, 마사지 등도 돈을 대신 내준다. 항상 지갑에 5만 원 권의 고액권을 많이 지니고 있으며, 이런 비정상적인 소비패턴을 피해자에게 과시하듯 보여주길 수년간 반복한다(당신의 돈을 노린 투자일 뿐이다).

선물공세형

기회가 될 때마다 피해자들에게 값비싼 선물이나 숙박(고급호텔이나 리조트 예약) 등의 편의를 제공한다. 분수에 맞지 않게 너무 고급인 선물이라 피해자가 거절하면, 회원권이 있어서 저렴하게 구할 수 있었다는 식으로 거짓말을 한다. 알고 보면 피해자의 투자금으로 구매한 선물인 경우가 많다.

정의용사형

평소에 약속은 철저히 지켜야 한다는 등 정의와 도덕에 관한 이야기를 많이 한다. 혹은 자신에게 여자는 자기 부인이나 애인 한 명밖에 없다며 가정에 충실한 모습을 보여준다(부인이나 애인이 사기꾼을 진심으로 존경하는 듯한 눈빛으로 대하는지 확인해 보라. 그렇지 않다면 사기꾼일 확률이 높다).

사기꾼이 정의감과 도덕심이 높은 척을 하는 이유는 간단하다. 자신에게는 전혀 없는 덕목이므로 오히려 말로써 자신을 치장하는 것이다. 평소에 강아지 등 반려동물을 끔찍이 생각하다가도 술만 마시면(긴장이 풀리면) 동물에게 함부로 한다든지 하는 겉과 속이 다른 모습을 보여준다.

약자공략형

사기꾼은 절박한 상황의 피해자에게 사기를 더 많이 친다. 부유하고 여유 있는 사람에게 사기를 치려면 고도의 작업 기간과 기술이 필요하지만 절박한 상황의 불쌍한 사람을 속이는 것은 매우 쉽기 때문이다. 특히, 투자건의 경우 이미 먹고 살 만한 부자를 설득하기는 어려우나, 한 푼이 아쉬운 사람을 설득하기는 매우 쉽다. 빚을 내게 만들어서라도 돈을 뽑아낼 수 있다. 잠깐만 빌리는 것이라며 단기간 내에 큰 금액으로 갚는다는 감언이설을 한다. 구체적인 계획을 들어 설명하고 돈을 가져간다.

연합군형

함께 사업을 시작하자고 한다. 처음엔 진심으로 잘 도와주다가 어느새 그 사람 말이 법이 되고, 내 발이 그 사람 발이 되며, 그 사람 입이 내 생각이 된다. 결국엔 피해자 스스로 아무것도 하지 못하는 상태로 만들어 사기꾼에게 의지하게 하는데 그때는 이미 늦어서 피해자의 모든 재산은 사기꾼에게 돌아간 후이다.

법조인형

법률에 대해 상세한 내용까지 알고 있으며, 피해자에게 평소에 법에 관한 조언을 하며 신뢰를 쌓는다. 사기꾼은 본인이 사기죄로 기소당했을 경우를 대비해서 합법적으로 돈을 안 갚는 방법을 늘 연구하기 때문에 법률지식이 많을 수밖에 없다. 예를 들면, '피해자들이 빌려준 돈은 투자목적이어서, 투자실패의 위험을 이미 알고 있었기 때문에 나는 돈을 돌려줄 의무가 없다'는 식의 얼핏 들으면 논리 있어 보이는 주장을 펼치기도 한다.

예능인형

사기꾼은 똑똑하면서 유머감각이 많거나, 반대로 진중하고 신중해서 신뢰감을 주는 유형이 많다.

노력요구형

사기를 치기 전 피해자가 일정 이상의 노력(공부, 소액투자 등)을 하게 만든다. '투자회사를 설립하려면 법적으로 경제학 박사 한 명이 필요하니 박사학위를 공부해 와라'처럼 공부를 시작하게 할 수도 있고, 투자를 유도하여 실제로 이득을 조금 안겨줄 수도 있다. 피해자는 한 번 노력을 들였기 때문에 이게 아까워서라도 사기꾼의 말만 믿고 계속 집착하게 된다. 피해자는 이 모든 것이 사기를 위한 전조라는 것은 눈치채지 못한 채 주변의 걱정에도 장밋빛 미래만 생각하며 행복해진다.

문전걸치기형

본격적인 투자에 앞서 사기꾼은 피해자로 하여금 일정 금액을 들여 부동산(공장 부지나 사무실 등) 따위를 계약하게 한다. 그때까지만 해도 사기꾼은 본모습을 보이지 않고 사업이 꼭 성공할 것이라는 확신을 보여주기 때문에 피해자는 일정 자금을 쓰게 된다.

일단 이렇게 피해자가 돈을 쓰게 만든 후엔, 사기꾼은 본 모습을 조금씩 보여준다. 이런저런 구실을 만들어 추가적인 돈을 요구(처음의 장밋빛 사업구상과는 달리 말이 조금씩 달라짐)하는데, 이때 뭔가 이상하다는 것을 깨달아도 처음 투자했던 계약금이 아까워서라도 추가적으로 더 돈을 사기꾼에게 내어주게 된다. 이미 일정 금액을 투자해 놓은 상황이라 눈이 어두워져 사기의 본질을 깨닫지 못하는 것이다.

더 최악의 경우는 피해자 주변의 지인들까지 사기에 전염시키는 것이다. 사기꾼이 요구하는 추가자금을 조달하기 위해 주변 지인들의 도움을 구하는 것이다. 사기꾼은 이러한 문전 걸치기 방식으로 당신의 돈 뿐만 아니라 당신의 지인들의 자금까지 마수를 뻗친다.

초기에 일정 자금을 들이지 않게 하고 처음부터 큰돈을 요구했으면, 단번에 사기임을 짐작할 수 있었을 것이다. 하지만 이렇게 여러 번에 나누어 조금씩 뜯어가게 되면 초기에 투자한 자금이 아까워서라도 사기꾼의 말만 믿게 된다.

녹음기형

휴대전화의 음성통화녹음 기능을 자주 사용한다. 피해자들이 흥분하여 폭언을 하도록 유도하여 재판에 유리하게 이용하려는 의도이다. 또는 면전에서 도발하여 피해자가 폭행을 하도록 하고 폭행죄로 고소한다. 현행법으로는 수백억의 사기보다 폭행이 처벌이 더 중한 범죄이다. 사기꾼은 이를 역으로 이용해 폭행죄 합의를 전제로 자신의 사기죄 고소를 취하시키게 할 가능성이 높다.

세면도구 구입형

마지막으로 진짜 부자는 치약, 비누, 샴푸, 린스 등의 세면도구를 직접 사지 않는다. 한 곳의 계좌에 일억 원이 넘는 현금예금이 있으면 은행 VIP가 되어, 명절 때마다 은행으로부터 세면도구 등의 선물을 받기 때문이다. 아무리 부자라도 치약, 샴푸 같은 욕실용품의 브랜드를 고집하는 까다로운 사람은 많지 않다. 그냥 집에 구비되어 있는 대로 아무거나 사용하는 것이 일반적이다. 따라서 사기꾼으로 의심되는 사람의 집을 꼭 방문해서 치약 등에 은행의 로고가 그려져 있는 것을 확인해 보자. 이러한 꼼꼼함이 당신의 재산을 지킨다.

국제연합 UN이 실시하는 WHO 글로벌 옵저버토리 조사에 따르면 범죄 종류별 국가 순위에서 한국은 '사기' 부문에서 1위, '횡령' 부문에서 2위를 차지하였다. 지난 100여 년간 사기꾼의 수법과 패턴은 크게 변한 것이 없으나 피해자들은 의심 없이 반복하여 사기를 당해왔다. 사기의 폐해는 끝이 없을 정도로 심각하다. 지금부터라도 알고 공부하여 예방하는 습관이 필요하다(제3부의 사이코패스와 소시오패스 관련 장을 좀 더 참고해 볼 것을 추천한다).

Tip 1 : 신원조회

앞의 리스트에 나와 있는 항목들로 사기꾼을 의심할 수는 있으나 명백한 증거까진 될 수 없다. 그래서 필자가 여러분에게 100% 확실한 사기꾼 감별 방법을 한 개 더 알려 주고자 한다. 바로 경찰의 **신원조회(범죄경력증명서)**[2]를 이용하는 것이다.

대부분의 악질 사기꾼의 경우, 초범이 아니라 이미 동종의 여러 전과가 있는 전과범일 가능성이 높다. 따라서 전과기록을 살펴야 하는데, 이는 경찰의 신원조회를 하면 조회가 가능하다.

그런데 이 신원조회는 함부로 실시할 수 없다. 본인의 신원조회는 본인이 직접 경찰서를 찾아가서 서류를 떼거나, 경찰인 자가 수사에 필요를 느껴서 합당한 사유로 실시해야 한다. 전산조회 시 경찰의 정보를 입력해야만 조회가 가능해서, 주변에 아는 경찰에게 부탁해도 개인정보 문제상 불법인 신원조회는 어려운 경우가 대부분이다.

그렇다면 어떻게 하면 합법적으로 신원조회를 할 수 있을까? 자신의 미래와 가족, 어쩌면 주변 지인들까지 위험에 빠뜨릴 수 있는 사기를 방지하기 위해서는 개인적인 위신이나 알량한 자존심 또는 상대에 대한 배려나 예의 따위는 잠시 내려놓는 것이 좋다. 투자하기 전 사기꾼일지도 모르는 사람에게 아래와 같이 솔직하게 말해 보자.

"이번 투자 건은 매우 성공할 확률이 높다는 것을 알고 있지만 그 전에 확인하고 싶은 것이 있네. 투자하기 전에 확실히 하고 싶으니 너무 마음 상해하지 말고 나와 함께 경찰서 민원실을 찾아 자네의 범죄

2 신원조회(범죄경력증명서)는 해당인 주소지의 관할 경찰서에 본인이 신분증을 가지고 가면 무료로 떼어 볼 수 있다.

경력증명서를 확인해 보세."

상대가 강하게 반발하며 거부하거나 말끝을 흐리며 회피하면 절대 당신의 돈을 그에게 내어주지 말라. 아무리 좋은 기회라고 할지라도 본인의 안전을 지키는 것이 더 중요하다는 건 누구나 동의할 수 있는 사실이기 때문이다.

Tip 2 신원조회 외 추가로 사기꾼 여부를 확인할 수 서류들

— 은행거래 및 카드사용실적 조회

마이크레딧(www.mycredit.co.kr)에서 은행거래 및 카드사용실적 정보를 받아볼 수 있다. 신용평점, 신용등급도 확인할 수 있다.

— 과거 연체 및 현재 소득대비 대출현황

올크레딧(www.allcredit.co.kr) 또는 나이스 신용정보(www.niceamc.co.kr)에서 과거 연체 및 현재 소득대비 대출현황을 볼 수 있다. 신용평점, 신용등급도 확인할 수 있다.

— 운전경력증명서

음주운전, 교통사고 같은 교통법규 위반에 관한 정보는 경찰서 민원실에서 발급받을 수 있다. 민원24(www.minwon.go.kr)에서 인터넷 발급도 가능하다.

Tip 3 회사에 입사할 사람이 의심스러울 경우 확인하는 법

본인의 회사에 사기꾼으로 의심되는 사람을 회사에 입사시키는 경우엔 개인정보보호법 23조, 관련조항 18조, 표준지침 15조에 의해 범죄경력을 조회할 수 있다. 신용조사증명서 5장을 입사대상자에게 작성하게 한 후 경찰서 담당자에게 보내주면 진위여부 판단 후 원하는 정보를 얻을 수 있다.

전 직장 전화번호를 얻어 해당 기업 인사담당자에게 풍문 조회를 해 보는 것도 좋은 방법이다.

자세한 내용은 기업 내 인사 담당자에게 문의해 보자.

정 리

무분별한 믿음은 거짓보다 더 위험한 진실의 적이다.

- 프리드리히 니체

자상한 상사보다는 무서운 상사가 되라

리더는 두려움의 대상이 되는 것이 나은가, 아니면 사랑받는 인간적인 상사가 되는 것이 나은가? 효율적인 팀 관리를 위해서는 필수인 두려움과 사랑 모두 중요하지만, 그중에 하나만 골라야 한다면, **두려움의 대상이 되어야 훨씬 안전하다는 것**이 마키아벨리의 생각이다.

인간이란 은혜를 모르고, 변덕스러우며, 위선적이고, 가식적이며, 위험은 감수하려 하지 않으면서 이익에는 밝다. 사랑은 고맙게 여겨야 할 의무감을 매개로 유지된다. 하지만 인간은 비열하기 때문에 자신에게 이익이 되는 경우 언제든지 그런 의무감을 벗어던진다. 인간이란 의무감보단 자기 자신의 사익에 민감하기 때문이다. 따라서 인간이란 존재의 한계를 고려했을 때, 사랑으로 부하를 다루는 것은 결정적인 위기상황에 위험할 수 있다. 어려움이 닥치면 부하직원이 의무감과 사익을 저울질 한 후 언제라도 배신할 수 있기 때문이다.

부하직원을 잘 대해 줄 동안 그들은 모두 당신의 편이다. 부하들이 멀리 떨어져 있을 때에는 목숨이라도 내놓을 것처럼 충성하지만, 정작 필요할 때 그들은 등을 돌린다. 그러므로 전적으로 부하들의 말만 믿고 다른 대비책을 마련하지 않는 리더는 몰락한다.

이에 반해, 두려움은 처벌에 대한 무서움으로 유지되는 것이기 때문에 부하직원이 당신을 배반하기가 매우 어렵다. 인간의 욕심을 제한할 수 있는 것은 잘못된 행동으로 인해 받을 수 있는 불이익의 두려움뿐이다.

한니발의 부하관리 비법

카르타고의 명장 한니발은 다수의 병사들을 통솔하는데 그의 잔인함을 효과적으로 사용했다. 합리적인 처벌과 엄격한 군율로 단결을 이끌어냈고, 그 어떤 위험한 군사작전도 승리로 이끌어냈다. 그의 군대는 수많은 종족 출신으로 이루어진 다민족 군대였지만, 민족 간에 발생하는 흔한 갈등 없이 성공적으로 운영되었다. 같은 민족일지라도, 가장 아끼는 부하일지라도, 한니발은 누구라도 공평하게 처벌하였다. 그리고 이런 비인간적인 잔인함이 무패의 군대를 만들었다.

잔인함이라는 바탕위에 세워진 그의 탁월한 전술은 부하들로 하여금 항상 자신을 존경하고 두려워하게 만들었다. 이를 두고 후세의 역사가들은 자세한 내막도 모르면서 그의 잔인함을 비판하는 우를 범한다.

스키피오의 사례

스키피오는 전술적으로 높이 평가받는 로마의 유능한 장군이었다. 인간적인 정이 많았던 그는 자신의 군대에게 자비로웠다. 실례로, 자신이 아끼는 부관 퀸투스 플레미니우스가 남부 이탈리아를 약탈했을 때, 부하를 너무 사랑한 나머지 스피키오는 퀸투스를 처벌하지 못했다. 이러한 너그러운 결정은 무수히 반복되었고, 결국 부하들은 점점 거만해졌다. 그리고 그의 군대는 에스파냐에서 스피키오를 상대로 반란을 일으킨다.

너그럽다고 여겨지는 것은 좋은 일이지만, 스키피오처럼 그 너그러움이 리더에 대한 평판이 될 정도가 되면 나쁜 결과를 낳는다. 부하들이 당신을 우습게 보기 때문이다. 부하에게 약한 모습을 보이면 리더는 존경을 잃는다. 한니발과 스키피오 모두 군사적 재능이 뛰어난 훌륭한 지휘관이었지만, 부하를 대하는 태도의 차이가 군대의 결속력을 좌지우지했다.

부하를 다룰 때, 한 가지 더 주의할 점이 있다. 부하에게 **두려움의 대상이 되되, 미움의 대상이 되면 절대 안 된다**는 것이다. 특히 이러한 문제는 한국회사에서 두드러진다. 비합리적인 처사로 부하를 처벌하는 무능한 리더가 되지 말라. 추가적으로 부하직원의 소유물이나 여자도 탐하지 말라. 당신의 부하는 아랫사람일지라도, 노예가 절대 아니다. 부하는 자유로운 사고를 할 권리가 있는 인격의 소유체인 것이다. 이 사회에는 동등한 인간이 다른 동등한 인간에게 절대 건드려서는 안 되는 것들이 존재한다. 상식선에서 행동하라. 처벌의 엄격함을 내세우되 그 판결은 누구나 이해할 수 있을 만큼 합리적인 처사여야 한다. 아랫사람이라고 절대 함부로 당신의 감정을 쏟아내지 말라. 마지막으로, 인간은 복수하는 존재라는 것을 반드시 명심하라.

정 리

두려움의 대상이 되면서도, 미움의 대상이 되지 않는 일은 충분히 가능하다.

상상하지 못할 방법으로 공격하라

전쟁사를 공부하다 보면 흥미로운 사실을 하나 발견할 수 있다. 전쟁터에서 잔뼈 굵은 노장이 경험 없는 애송이 장교에게 어이없이 패배하는 경우가 상당히 많다는 것이다. 원래 대위 계급에 불과했던 나폴레옹은 프랑스 혁명 속에서 엉겁결에 26세의 나이로 혁명군 준장으로 진급한다(영관급 장교들은 혁명 당시 귀족이라는 이유로 거의 다 학살당한 까닭이다). 그리고 장군이라고 부르기 애매한 이 젊은 장교는 1806년 기강이 해이한 시민군을 데리고 당시 유럽 최강의 정예전력을 보유했던 독일의 프로이센군을 간단히 제압해 버린다.

나폴레옹이 등장하기 50년 전에는 프로이센의 군사력이 세계최강이었다. 유능한 프리드리히 대왕은 당시엔 획기적이었던 전술들을 개발했고 이를 바탕으로 위대한 승리를 이루어냈다. 그런데 한 가지 재미있는 사실은 프리드리히 대왕이 죽은 지 50년이나 지나서도 프로이센의 늙은 장군들은 과거에 그들이 사용했던 전술을 그대로 사용하는 실수를 범했다는 것이다. 과거의 승리감에 도취되어 현실을 바로 보지 못하고 아무런 발전 없이 50년이나 묵은 뒤떨어진 전술에 의지했던 것이다.

위대한 승리일수록 위험하다. **이긴 자는 승리감에 취해 현실감각을 상실하게 되고 결국 실수를 한다.** 역사는 반복되듯이, 전쟁의 신인 나폴레옹도 말년엔 승리감에 젖어 1815년 워털루에서 창의적인 전술을 갖고 나온 영국군에게 패배하게 된다.

『손자병법』에서는 '한 번 승전을 거둔 방법을 되풀이하지 않아야 하며, 때와 장소에 따라 응전하는 형태는 무궁무진하다'고 했다. 결코 같은 공격·방어 방법에 의존하지 말아야 한다. 과거에 잘 통했던 방식은 이제 통하지 않는다. 과거의 방식은 적도 잘 이해하고 이에 대비해 왔기 때문에, 새로운 공격에는 늘 새로운 방식이 필요하다. 적과 상황에 따라 전략을 바꾸어 대처해야 하는 것이다.

러일전쟁의 뤼순 공략

1904년 러시아와 일본은 조선과 만주에서의 주도권을 놓고 격돌한다. 도고 헤이하치로(東郷平八郎) 제독이 이끄는 일본해군은 황해해전에서 러시아 극동함대에 신승을 거두고 제해권을 장악한다. 이에 러시아 극동함대는 요동반도 끝에 있는 뤼순항에 숨어서, 유럽에 주둔하던 발틱함대의 지원이 오기를 기다렸다. 강력한 발틱함대가 극동함대와 연합해서 공격해오면 전력이 열세인 일본함대는 궤멸될 것이 뻔했다. 이에 도쿄의 일본군 지휘부는 뤼순항에 숨어있는 극동함대부터 전멸시키고자 육군을 상륙시켜 공격하는 계획을 만들었다. 육군 지휘관으로는 10년 전, 청일전쟁 때 청(淸)나라 군대를 상대로 뤼순을 성공적으로 점령해 본 경험이 있는 노기 마레스케(乃木希典) 대장을 임명했다. 노기 장군은 이미 오래전에 예편한 퇴역군인이었지만, 일본군대본영은 그의 경험을 높이 사며 그를 다시 군대로 복귀시켰다.

1904년 8월 19일 첫 전투가 시작되고 노기 대장은 청일전쟁 때와 마찬가지로 병력을 일시에 돌격시켜 점령을 시도했다. 하지만 유럽의 강자 러시아군은 무능했던 청나라 군대와는 달랐다. 뤼순 곳곳에 수십만 톤의 콘크리트를 들이부어 견고한 요새를 건설하고, 당시 최신 무기였던 맥심기관총과 속사포들을 대량으로 배치해 놓은 상태였다. 당연히 공격은 실패로 끝나고 순식간에 5,017명의 전사자와 10,843명의 부상자를 낳았다.

육군의 실패에 해군은 답답해졌다. 애초에 해군이 요구했던 것은 뤼순 요새의 점령이 아니었다. 항구가 내려다보이는 높은 곳에 위치한 203고지만 점령하여 대포를 설치해서 항구에 숨어있는 러시아 함대를 공격하기만 하면 됐다. 하지만 육군은 영광스러운 뤼순 전체 점령이라는 전략적으로 불필요한 목표만 고집했다(일본군은 전통적으로 육군과 해군 사이가 좋지 못하였다).

9월 19일, 육군의 2차 공격이 시작되었으나 마찬가지로 4천 명의 사상자만 남기고 끝이 났다. 노기 장군은 사병들의 정신력이 문제라고 판단하고, 반드시 뤼순을 점령하겠다는 각오로 가슴에 멋진 하얀 띠를 X모양으로 묶은 백거대를 조직했다. 패전의 원인을 지휘부의 잘못된 전략에서 찾지 않고, 사병들의 정신력 탓으로만 치부해 버린 것이다(훗날 한국의 군대문화나 기업문화와 매우 비슷하다). 11월 26일, 비장한 각오로 3차 공격을 시도하였으나, 기존의 돌격전술은 그대로였고 당연히 실패로 돌아갔다. 이후에도 백거대의 멋진 띠는 시각적으로 러시아 군대의 좋은 표적만 되었고 일본군은 계속 패배했다. 결국 12월 1

러일전쟁 당시 일본군의 백거대가 가슴에 하얀 띠를 맨 모습

일 노기 장군은 고다마 겐타로(児玉源太郎) 대장에게 지휘권을 빼앗기게 된다.

이후, 고다마 대장은 기존의 돌격전술을 포기한다. 대신 분산되어 있었던 대포의 화력을 203고지로 집중하여 선제포격한 뒤, 병력을 투입해 한 번에 점령하는데 성공한다. 그리고 203고지위에 중포를 배치하여 러시아 극동함대의 전함에 포격을 가해 대부분을 침몰시킨다.

일본군은 결국 러시아해군 섬멸이라는 전략적 목표는 달성하였지만, 일본 육군의 피해는 막심했다. 총 13만의 병력 중에 6만 명이 전투 중에 죽거나 다쳤고, 별도로 3만 명이 질병(각기병)에 걸려 죽었다. 반면 러시아 수비군은 총병력 5만 명 중에 2만 명만 죽거나 다쳤다. 일본군에 포위되어 고립된 상황을 감안하면 러시아로서는 선방한 것이었다. 이 전투로 강력함을 보여준 러시아는 러일전쟁 패전 후 일본과의 종전협상에서 유리한 위치를 차지했고, 결국 전쟁배상금은 한 푼도 내지 않아도 되었다.

사막의 여우, 롬멜의 북아프리카 진격(약점을 강점으로)

1941년 2월 히틀러는 동맹국인 이탈리아를 돕기 위해 에르빈 롬멜(Erwin Rommel)을 지휘관으로 하는 소규모의 전차부대를 북아프리카 전선으로 파견한다. 롬멜이 오기 전 무능한 이탈리아군은 영국군에게 연전연패를 당하고 있었다. 때문에 히틀러는 롬멜에게 절대 공격하지 말고 방어에 충실하라고 당부했지만, 반항적인 기질의 롬멜은 아프리카 도착 이틀 만에 대대적인 공격에 나선다.

롬멜은 영국군보다 훨씬 적은 수의 탱크를 가지고 있다는 약점이 있었지만(독일군 80대, 영국군 300대), 곧 그 약점을 장점으로 바꾸어 버린다. 일부러 약한 탱크를 앞세우며 영국군을 공격하는 척하다가, 수적 열세를 보여주며 후퇴를 하였다. 영국군은 때를 놓치지 않고 곤경에 빠진 독일군을 끝까지 추격했다. 사막에서 달리는 영국군 탱크들은 위치를 적에게 드러내는 모래먼지를 일으켰고, 후방에서 미리 매복해 있던 독일군 88㎜ 대포의 좋은 먹잇감이 되었다.

강력한 대포들을 미리 숨겨놓은 쪽으로 적을 유인하여 궤멸시키는 창의적인 전차전술은 영국군을 혼란에 빠트렸다. 이후 영국군은 롬멜의 독일군이 온다는 소문만 들어도 후퇴를 결정하게 된다.

삼성과 대우의 다른 인사전략

1990년대 말, 한국에 불어 닥친 외환위기로 두 거대한 기업, 삼성과 대우는 위기상황을 맞이한다. 당시 대우그룹 조직은 연세대 출신의 엘리트 사원들을 중심으로 구성되어 있었지만 문제에 적절히 대응하지 못했다. 반면 삼성그룹은 훨씬 다양한 출신의 사원들을 고루 보유하고 있었고, 다양한 출신의 모임인 삼성은 큰 시너지 효과를 발휘해 IMF 위기를 극복한다.

인간 개개인이 가질 수 있는 절대적인 지식 양은 누구나 비슷하다. 엘리트와 평범한 사람을 나누는 기준은 개인의 능력이라기보다는 그 사람의 관심사다. 평범한 사람은 공부가 아닌 곳에 관심사가 있어서, 공부 이외의 것은 평범한 사람이 더 잘 알 수도 있다는 얘기다. 따라서 엘리트 사원들의 집합에서는 지식영역이 서로 겹쳐 큰 지식이 나오지 못하지만, 다양한 출신의 집합에서는 영역이 서로 겹치지 않아 합쳐 놓으면 큰 지식을 만들어 낼 수 있다.

창의성의 원천은 다양성과 젊음

아무도 상상하지 못할 발칙한 전략은 다양성과 젊음에서 나온다. 시드니 와인버그(Sidney Weinberg)는 1907년 미국금융공황이 터졌을 때 16살이었다. 높은 실업률로 많은 사람이 일자리를 잃었던 그때 그는 주 2달러를 받는 아르바이트를 스스로 그만두고 월스트리트로 달려갔다. 당시 사람들은 은행이 언제 망할지 몰라 각자의 은행에서 현금을 경쟁적으로 인출(뱅크런) 하고 있었다. 계좌도 없었던 와인버그는 그 긴 줄에 섰고, 앞자리에 다다른 순간 비싼 값을 받고 다른 사람에게 자리를 넘겼다. 이런 식으로 그는 하루에 5달러를 벌었다. 그리고 이 소년은 훗날 미국 최고의 투자은행 골드만삭스의 대표가 된다.

여류작가를 혐오하던 19세기 유럽의 억압된 사회 분위기는 젊은 여작가 뒤드방(Aurore Dupin Dudevant)으로 하여금 조르주 상드(George Sand)라는 남자 필명을 사용해서 책을 출판하게 하였다. 그 당시 어느 누가 여성이 책을 쓴다는 것을 상상이나 했겠는가.

미래학자들은 과학의 발전으로 인간의 수명이 무한대가 되면, 인류 문명은 더 이상 발전하지 못하고 정체될 것이라고 예상한다. 기성세대가 혁신을 가져오는 다음 세대를 견제하기 때문이다. 젊은 세대는 과거의 방식에 얽매이지 않고 새로운 상상력과 개혁을 선호한다. 생각이 다른 젊은이가 치고 나오지 못하게 늙은이가 길을 터주지 않으면 세상에 발전은 없다. 무릇 전략가는 이 점을 유의하고 부하직원들을 통한 다양성과 젊음을 이용할 줄 알아야 한다.

업계 4위, 다이도 자판기의 반란

일본 열도에는 모두 530만 대의 자판기가 설치되어 있다. 한국의 영세한 수준의 자판기와는 달리 위생 수준이 훌륭하고 관리가 잘 되어 있어 지난 세월 동안 일본 자판기 시장은 꾸준히 발전해 왔다.

자판기 사업은 편의점이나 마트와는 달리 넓은 임대공간이 불필요하고, 일본의 높은 수준의 인건비를 감당하지 않아도 된다. 그리고 할인행사를 하지 않기 때문에 매출 대비 이익이 20~25% 수준으로 다른 산업에 비해 매우 높다.

하지만 1990년대 이래로 일본에 장기간 경제침체가 찾아오자 편의점 업체 간 과다 경쟁으로 동네 곳곳마다 편의점이 들어서기 시작했다. 이에 자판기 업계 1위였던 코카콜라는 2009년 상반기 일본 서부 지역에서만 13억 엔(약 135억 원)의 적자를 기록하게 되었다. 이에 자판기 업체들은 불황을 타개할 해결책이 필요했다. 그리고 그 방안들은 후발 업체로부터 나왔다.

업계 4위인 다이도 드링크는 1956년 설립 이래 자판기 사업만 가지고 한 우물을 파왔다. 불황으로 이익이 감소하자, 다이도 드링크는 외국인 관광객에 초점을 맞추기 시작했다. 일본은 2015년 기준 연 1,974만 명의 외국인 관광객이 찾는 관광대국이다. 일본관광청의 조사에 의하면 외국인 방문객 중 36.7%가 무료 Wi-Fi를 이용한다고 한다. 이들을 잠재적인 고객으로 끌어들일 경우 많은 매출을 기대할 수 있는 것이다.

다이도 드링크는 유명관광지나 유적지 같은 곳에 자판기를 집중 설치하고 자판기에서 음료를 한 번 구입하면 자판기에 설치된 무선기기로 무료 Wi-Fi를 제공하였다(Wi-Fi의 유지비는 월 2~3만 원 정도로 저렴하다). 결과는 성공이었다. 인터넷을 이용하기 위해 외국인들이 경쟁사의 자판기 대신에 자사의 자판기에서 음료를 구입한 것이었다. 한 번 음료를 구입한 외국인들은 다른 지역의 다이도 자판기 근처에서도 Wi-Fi를 자유롭게 이용할 수 있었다. 이렇게 다이도 드링크는 업계 1위인 코카콜라가 적자에 시달릴 때 영업이익 50억 엔(약 500억 원: 2014년 기준)을 달성할 수 있었다.

Tip 파나소닉 회장 마쓰시타 고노스케의 불황 극복 수칙

1. '불황도 좋다'고 생각한다. 발상을 바꾸면 도약의 기회다.
2. 출발점으로 돌아가 뜻을 바로잡는다.
3. 재점검을 통해 자신의 힘을 객관적으로 파악한다.
4. 각오를 단단히 하라.
5. 낡은 관습, 관행, 상식을 깨부순다.

6. 쉬어가며 용기를 기르자.

7. 인재 육성에 힘을 쏟는다.

8. '책임은 나에게 있다'는 점을 자각한다.

9. 때리면 우는(환경 변화에 신속하게 반응하는) 조직을 만든다.

10. 비관하지 말고, 경영이념을 지켜라.

정 리

적(상대세력 또는 경쟁사)을 쓰러뜨리려면 이전에 승리했던 것과 비슷한 방식으로 공격하지 말라. 중요한 것은 변화한 현재의 상황이다. 현재 상황에 가장 알맞은, 적이 절대 상상하지 못할 새로운 공격방법을 만들어라.

공격계획은 세밀히, 실행은 신속하게

(공격의 방법)

앞 장에서 설명했지만 적은 없으면 없을수록 좋다. 그리고 오늘의 적이 내일도 적이라는 보장이 없기 때문에 한 가지 사안에 있어서 부딪친다 하더라도 절대 감정적으로 끝까지 대립하지 않아야 한다. 하지만 인간이 살아가면서 적이 생기지 않을 수는 없는 노릇이고, 부득이하게 공격을 감행해야 하는 경우가 있다. 그러므로 이 장에서는 어떻게 공격을 펼쳐 효과적으로 적을 섬멸시킬 수 있을지 알아보자.

1. 폭풍전야: 약해 보여라

1980년대 일본의 오토바이 시장은 4개의 회사(혼다, 야마하, 스즈키, 가와사키)가 분할하고 있었다. 특히 혼다는 65%의 압도적인 점유율로 시장을 지배하다가, 오토바이를 넘어 자동차 개발에 주력하며 잠시 주춤한 상황이었다. 2위 기업이었던 야마하는 이때를 놓치지 않고 오토바이 사업에 집중하며 1982년 혼다를 점유율 1% 차이까지 추격하게 된다(혼다 38%, 야마하 37%). 곧 혼다를 넘어설 것이라는 맹신 아래 야마하의 코이케 사장은 '1년 뒤 야마하가 국내 1위가 될 것이고, 2년 뒤 세계 1위가 될 것입니다'라는 발언으로 혼다를 자극한다.

평소 저돌적인 성격의 혼다 카와시마 사장은 야마하의 도발에 격분하였고 감정적인 대응을 하게 되었다. 혼다는 무리를 해서라도 오토바이 모델의 수를 두 배 이상 늘리고 무조건 야마하 제품보다 가격을 낮춰 판매하는 정책을 펼쳤다. 이른바 치킨게임이 시작된 것이다. 혼다는 그동안 오토바이 시장 1위로 군림하면서 자동차 사업에서도 성공을 거두어 충분한 자금력이 있는 상태였다. 이와는 반대로 여유가 없었던 야마하는 점유율이 1년 만에 27%까지 떨어지며 40억 엔이 넘는 손실을 떠안았다. 더 이상 구조조정, 설비매각, 연봉삭감 등을 견딜 수 없었던 코이케 사장은 아래와 같은 굴욕적인 발언을 하고 혼다와의 전쟁에서 항복하게 된다.

"우리는 제품 개발, 판매력에서 혼다의 상대가 안 됩니다. 혼다와의 전쟁을 끝내고 싶습니다. 앞으로는 경거망동을 삼가고 야마하는 상대적인 지위에 만족하겠습니다."

가만히 있었으면 자연스럽게 국내 1위를 달성할 수 있었던 야마하는 자동차에 전념했던 혼다의 심기를 괜히 건드려 회복할 수 없는 타격을 입고 말았다.

태평양전쟁 당시 일본의 진주만 공격은 성공적인 전투였다. 단 두 차례의 기습으로 미국의 전함 12척은 침몰되거나 사용불능이 되었고, 활주로에 주기된 343대의 전투기는 파괴되었다. 미군이 3,581명이나 전사하였지만, 일본군은 55명의 일부 해군만 잃었다.

진주만 기습은 누가 보아도 일본군이 승리한 전투였지만, 전체적인 태평양전쟁에서는 결과적으로 일본이 패하게 된다. 전쟁의 첫 단계인 진주만에서 너무 강력한 모습을 보여주었기 때문이다. 일본인들은 자신의 패를 너무 빨리 보여주었고 미국 여론을 극심한 분노로 바꾸어 놓았다. 분노한 미국인들은 강해 보이는 일본을 상대로 총력전에 나섰고, 군수품 생산력에 있어서 일본은 미국을 따라갈 수가 없었다. 처음부터 시작하지 말았어야 할 전쟁이었거나, 강한 상대가 자만심을 갖게 하는 편이 일본군에 유리한 전쟁이었던 것이다.

현시대에서도 야마하와 구일본군의 실수는 반복되고 있다. 강력한 G2 파워의 한 축인 중국은 현재 역사의 실패를 그대로 따라하는 중이다. 80년대 이래 경이적인 성장을 기록했던 중국은 2010년대 들어 본격적으로 발톱을 드러냈다. 엄청난 발전에 힘입어 대국굴기를 시작한 것이다. 큰 나라는 더 많은 영향력을 행사하고 작은 나라는 이에 순응해야 한다는 만방내조(萬邦來朝)의 사고 아래 주변국을 괴롭히며 미국의 심기를 건드렸다. 남사군도에 군대를 파견하여 동남아시아의 여러 소국들을 괴롭혔고, 인도양에 진출하기 위해 파키스탄과 미얀마에 해군기지를 건설하였다. 유럽의 교두보를 확보하기 위해 경제적으로 어려운 그리스의 항만을 인수하였고, 미국이 운영하는 파나마 운하에 대항하기 위해 중미 니카라과에 새로운 운하를 건설하기 시작했다. 군사적으로는 미군을 상대로 개발한 것이 확실한 항공모함 공격용 탄도미사일을 개발하기에 이르렀다.

조만간 미국을 추월할 것이라는 자만심 아래 중국의 행보는 거침이 없었다. 그리고 이는 미국의 반발과 경계를 불러일으켰다. 중국 경제성장의 핵심은 미국을 비롯한 서방세계의 중국투자에 있었다. 중국의 경제적인 힘을 축소시키고자 미국은 중국에 있었던 자국 기업들을 인도, 동남아, 미본토 등으로 철수시켰다. 이에 따라 2016년 초 중국

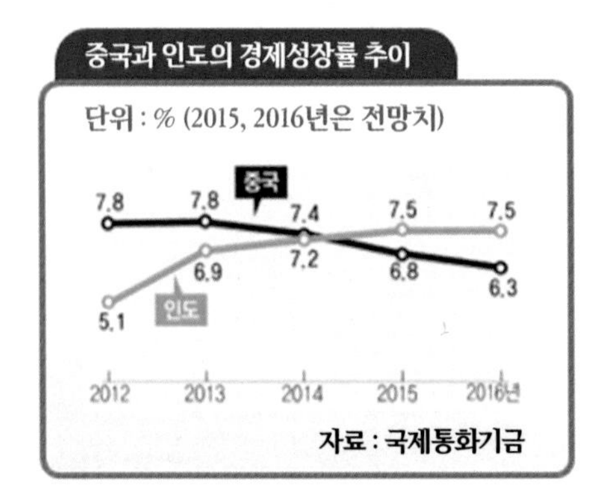

중국과 인도의 경제성장률 비교

상하이지수는 폭락하기 시작했으며, 조지 소로스를 필두로 한 미국계 헤지펀드는 중국 환율시장을 어지럽혔다. 한때 4조 달러에 이르던 중국의 외환보유고는 환율방어를 하다가 순식간에 3조 달러로 줄어들었다(2016년 1월에만 1천억 달러가 소모됐다).

결국 2016년에 중국통계국은 미국을 따라잡을 수 있는 최저 성장률인 7%를 달성하는 데 실패했다고 발표했다(그것마저도 중국은 2015년 동안 6.8%의 성장률을 기록했다고 발표하였으나, 통계조작의 의심을 샀다. 실제로는 3~4%인 것으로 추측된다). 군사적으로도 미국은 중국을 압박하기 시작했다. 북한을 명분으로 최첨단 전략자산(THAAD, 스텔스전폭기, B-52폭격기 등)을 중국 인근에 배치시켰다.

중국의 실수는 미국의 슈퍼파워를 단순히 공개된 하드웨어적인 수치만 측정하는 것에서 기인했다. 눈으로 보이는 성장률이라는 수치는 곧 중국이 미국을 앞지를 것이라는 착각을 불러일으켰고 미국의 소프트웨어적인 파워를 간과하게 만들었다.

미국은 제2차 세계대전 이후로 기술과 자본을 집약하며 세계를 지배해 온 나라다. 어떤 과학기술이나 경제능력을 지녔는지 겉으로 드러내 보이지 않고 은밀히 숨겨왔다. 미국은 자신의 능력을 공개하지 않거나 숨기는 전략을 많이 쓴다. 실례로, 레이더에 잡히지 않는 최첨단 스텔스 기술은 미국에서는 1970년대에 이론연구가 끝난 내용이었고, 최신전투기 F-22랩터는 90년대 기술로 만들어졌다. 그리고 지금은 미국에 어떤 기술의 무기체계를 개발해 놨는지는 아무도 알 수 없다.

따라서 미국의 파워는 현재 겉으로 드러나는 경제력이나 군사력으로는 정확한 측정이 불가능하다. 실례로, 2015년에 미국이 러시아, 이슬람극단주의자(IS) 등을 견제하고자 배럴당 100달러대에 이르던 국제유가를 20달러대로 폭락시킬 수 있는 엄청난 힘이 있는 줄은 아무도 모르고 있었다. 2000년대 이후 10년 넘게 유지되던 고유가 기조는 미국이 용인한 시장의 트렌드에 불과했던 것이다.

300년 전 과거의 영광을 되찾겠다는 중국의 희망사항은 정확한 현실판단을 방해했고, 사실에 근거하지 않은 민족주의적 자만심만 불러일으켰다. 그리고 30년 넘게 중국의 성장을 지켜보기만 하며 힘을 숨겼던 미국은 2015년부터 중국을 상대로 손을 보기 시작했다.

오토바이업계의 야마하, 태평양전쟁의 구일본군, 현재의 중국공산당은 적을 쓰러뜨리기 위한 전략의 첫 번째 기본원칙을 무시했다. **전쟁의 첫 단계는 강해 보이지 않는 것이 좋으며, 직접적인 타격보다는 간접적인 공격이어서 적이 간파하기가 힘든 것이어야 한다.** 간접적인 공격이란 상대를 기만하고 교묘한 술책으로 공격하는 것을 뜻한다. 즉, 직접적으로 자신이 공격한다는 것을 상대에게 숨기는 것이다. 공격이 간접적이어서 공격받은 자가 사실관계를 잘 알기 힘들다면 선불리 당신에게 원한을 품지 않을 것이다.

2. 발생 가능한 모든 상황 살피기

공격에 앞서 어떤 공격방법을 택할 것인지, 어떻게 공격할 것인지, 언제 공격할 것인지 등 발생할 수 있는 모든 상황을 여러 각도에서 고려해야 한다. 직면한 상황은 큰 그림의 일부에 지나지 않는다. 공격했을 때 상대가 어떻게 반응할지, 같은 편 내에 어떤 반응이 나올지, 중립적인 제3의 세력은 어떤 입장을 취할지 예상해야 한다. 그리고 공격 후의 상황도 생각해 봐야 한다. 이 모든 것은 공격을 시작하기 전에 모두 생각해 두어야 하는 준비작업이다. 막연히 어떻게 되겠지 하고 있으면 절대 안 된다. 발생 가능한 수많은 상황들과 적의 함정을 분석해야 한다. 더 많은 경우의 수를 준비해 둘수록 승리할 확률이 높아진다.

나폴레옹은 전쟁을 시작하기 전에 여러 전투를 세부적으로 생각을 해두었고, 공격 이후의 일들도 차례로 나열하여 각각의 대비책을 마련하였다. 집무실 바닥에 거대한 지도를 펼쳐 놓고, 책상에는 정찰병들의 보고서를 쌓아 놓았다. 전술을 적은 수백 장의 카드를 보기 좋게 정리하여 지도를 보며 자신의 군대가 움직일 때 적이 어떤 식으로 반응할지 추측해 보았다.

한국인은 흔히 이 과정을 생략한 채 감정적으로 일단 공격하고 보는 경우가 많은데, 이는 매우 잘못된 공격 방법이다. 고양이처럼 웅크려 약한 모습을 보이면서 속으로는 어떤 상황이 발생할지 세세히 체크해 보아야 한다.

3. 상황별 대처방안을 미리 준비해 놓기

발생 가능한 상황을 모두 생각해 보았다면, 공격이 실시된 후 다음 상황에서 어떤 행동(대비책)을 할지 정해야 한다. 체스를 둘 때 체스의 하수들은 말을 움직이고 나서 상대가 어떤 방어를 하는지 확인한 후 대비책을 찾는다. 하지만 고수들은 말을 움직이기 전에, 상대가 어떤 움직일지를 미리 예상해 놓고 다음 수까지 생각한다(프로 바둑기사의 경우 보통 50수를 내다보며 돌 하나를 놓는다고 한다).

조금 더 쉽게 설명하자면 다음과 같다. A라는 공격을 했을 때, 1과 2라는 상황이 발생할 가능성이 있다고 하자. 여기서 중요한 것은 **공격자가 A공격을 한 후 상황1이 발생할지, 상황2가 발생할지의 결과를 기다리면 이미 늦다**는 것이다. A공격을 실행하기 이전에 상황1과 상황2에 대한 대비책을 미리 마련해 두어야 한다. 그리고 상황1이나 상황2에 대한 특정 대비책을 실행했을 때 연달아 일어나는 상황1-1과 상황1-2 혹은 상황2-1과 상황2-2에 대한 대비책도 마련해야 한다.

이 단계에서는 발생 가능한 모든 상황들을 상상해 놓고 그에 대해 어떤 대비책을 실시할지 선(先) 결정해야 하기 때문에, 시간이 많이 걸리고 고도의 사고과정을 필요로 한다. 하지만 공격에 있어서 가장 중요한 단계이기 때문에 이를 절대로 소홀히 해서는 안 된다. 실전은 체스가 아니다. 상대는 당신이 말을 놀 때까지(대비책을 만들어 실행할 때까지) 결코 기다려 주지 않기 때문이다.

2000년대 초반 삼성전자의 빠른 의사결정은 전자업계의 강자 소니를 무력화시켰다. 소니는 제품을 내놓고 제품판매 상황이 바뀔 때마다 그때그때 마케팅 및 생산 개선책을 찾는 회의를 했다. 회의시간은 길어졌고 그 결과 의사결정과 대비책의 실시 속도가 매우 느렸다. 시장이 변하는 속도를 따라잡을 수 없었던 것이다. 반면 삼성은 모든 변수(소비자 취향 변화, 고객사 입장 변화, 환율, 유가 등)를 고려하여 발생 가능한 상황들을 예측해놓고 이에 대한 대비책을 선 결정 해두고 있었다. 모든 상황을 준비하는 데는 많은 시간이 걸렸지만, 업계 시장이 바뀔 때마다 대비하는 속도는 무척이나 빨랐다. 미리 준비해 둔 대비책을 빠르게 실행하기만 하면 되었기 때문이다.

4. 모든 계획이 결정되었다면, 이제 남은 건 '신속'한 공격뿐이다

이제 모든 준비는 끝났다. 공격만 남았을 뿐이다. 현대사회에는 대부분의 사람들이 우유부단하고 지나치게 보수적으로 행동한다. 이런 세상에서 **가장 좋은 공격방법은 기습전이다**. 상대가 대비책을 준비할 시간조차 없게 미리 준비된 각본대로 빠르게 공격하자. 상대는 당황하고 흥분할 것이며 자제력을 잃고 실수를 저지를 것이다.

제2차 세계대전이 시작되었을 때, 연합군은 방어적이며 신중하며 정적인 방법으로 싸웠다. 하지만 상대편인 독일군은 전격전을 내세우며 전선을 종횡무진 가로지르며 싸웠다. 독일군이 한 부대를 무찌르고 돌파하면 연합군은 이에 따른 방어를 하거나 반격을 하지 못했다. 연합군이 뚫린 방어선을 메꾸려고 대비책을 마련한 순간 독일군은 이미 다른 곳으로 이동하여 다른 부대를 공격하고 있었다. 전투상황 자체가 변해 버렸기 때문에 애써 만든 대비책은 방어에 아무 쓸모도 없었다. 연합군이 대처하는 속도보다 독일군이 더 빨리 전진한 것이다. 결국 연합국의 주축이었던 프랑스는 손쉽게 함락되었고, 영국군은 막대한 피해를 입고 영국본토로 철수할 수밖에 없었다.

5. 감정을 누그러뜨려라

당신이 위의 순서에 따라 세밀한 전략을 만들고 실행한다면 승리할 확률이 매우 높을 것이다. 그러나 그 승리감에 도취되거나 근거가 불확실한 자존심에 의존하는 것을 주의해야 한다. 나폴레옹과 같은 뛰어난 전략가들도 결국엔 승리감에 빠져 감정적으로 되었고, 균형 감각을 잃고 마지막에 실패했다. 완벽한 승리일수록 위험하다. 다음 전쟁을 위해 감정을 죽이고 현실 감각을 유지해야 한다.

정 리

홍분하며 선불리 적을 공격하지 말라. 공격하기 전에 공격으로 인해 발생할 수 있는 모든 상황에 대한 대비책을 마련하라. 그리고 준비가 끝났으면 적에게 숨쉴 틈을 주지 말고 신속하고 연속적으로 끊임없이 공격하라.

감정을 통제하라

(감정적인 태도는 파멸을 가져온다)

회사 내에서 세력을 구축하는 과정에서 리더는 결정적 행동을 보여줘야 할 시기가 있다. 극적인 순간에 중요한 결정을 내리는 모습을 보여주면서 부하직원들에게 리더십을 보여주고 세력을 규합하는 것이다.

그런데, 이런 중요한 결정을 내리는 데에 감정적인 행동을 보여주면 역효과가 난다. 주변의 관심을 끌려고, **무리해서 극적인 순간을 연출하며 감정을 폭발시키면 안 된다**. 무엇을 하느냐보단 어떻게 하느냐가 중요하다. 사람들은 당신이 얼마나 정의감에 차있는지, 현재 상황이 얼마나 억울한지는 상관하지 않는다. 자신이 처한 상황의 내역은 자신에게만 보인다.

류타로 노노무라의 눈물의 기자회견

2015년 6월, 류타로 노노무라(竜太郎 野々村)는 일본 효고의 도의회 의원으로 정무활동비 300만 엔을 횡령한 의혹을 받는다. 류타로 의원은 교통비로 사용했다는 주장을 하였으나 영수증 등 활동보고 내역을 누락하여 보고했다. 이상한 점은 이뿐만이 아니었다. 그가 열차

류타로 의원이 기자회견에서
울부짖는 모습

티켓을 구매하는데 활동비를 사용했다고 주장하는 날은 기상 악화로 열차가 운행하지 않는 날이었다. 그리고 그가 의원으로 있었던 3년간 195번이나 되는 온천여행을 위해 국비를 사용했다는 사실도 기자들에 의해 확인되었다.

위기감을 느낀 류타로는 기자회견을 열었다. 그가 받은 의혹을 해소하기 위해서였다. 담담히 기자회견을 진행하던 그는 갑자기 울분을 터뜨리며 눈물을 흘렸다. 이어 알아듣기도 힘든 목소리로 자신이 일본이란 나라를 변화시키려고 얼마나 노력했는지, 심각한 인구 노령화 문제를 해결하려 했다는 등 주제에 맞지 않는 괴설을 늘어놓았다. 결국 기자회견은 그해 일본 최악의 사회면 뉴스 2위에 오르는 해프닝으로 끝났고, 눈물로써 동정심을 유발해 사건을 덮으려는 그는 정치 생명을 완전히 끝내고 말았다.

위기를 해결하기 위해 섣불리 감성적인 수단을 쓰면 독이 될 수 있다. 감정을 감추지 않고 드러내는 것은 다른 사람들에게 거부감을 준다. 횡령과는 별개로, 그가 도의회에서 진정으로 국민을 위해 노력했을 수도 있다. 그러나 당신이 얼마나 억울한지는 중요하지 않다. 다른 사람들 눈에는 그것이 보이지 않는다. 대중들의 관심은 그의 횡령 여부였지, 과거의 업적을 알고 싶은 것이 아니었다. 눈물을 쏟아내면 그 순간 동정심을 유발할 수는 있지만, 동정심은 곧 혐오감으로 바뀐다.

오히려 감정적인 대응을 피하면서, 시간을 끌었어야 한다. 임기는 아직 1년이나 남아 있었고, 재판판결까지는 수년의 시간이 걸린다. 재판에서 모든 걸 밝히겠다고 얘기한 후 조용히 기다렸으면 대중의 관심은 이내 사라졌을 것이다.

회사에서도 똑같다. 아무리 억울한 일이 있어도 감정을 분출시키며 대응하면 곤란하다. 오히려 신뢰하던 사람들까지 진실을 의심하게 된다. 이런 상황에서는 차갑게 냉정을 유지하며 시간을 끌어보자.

어떤 문제에 있어 대립하여 화를 내면 사람들은 깜짝 놀라면서 두려움에 빠진다. 하지만 이내 상황이 정리되면 지켜보던 다른 사람들의 역반응을 불러일으키게 된다. 화가 나서 쏟아낸 말들은 원한이 되어 돌아오기 때문에 감정 컨트롤이 필요하다. 2,500년 전 『손자병법』으로 유명했던 손자(孫子)는 이러한 인간의 감정을 꿰뚫어 보고 이렇게 말했다.

"군주는 화 때문에 군대를 출정시키는 일이 없어야 하고, 지도자는 분노 때문에 전쟁을 일으키는 일이 없어야 한다."

화를 내는 사람들은 상황에 너무나 몰입한 나머지 자신에게 돌아오는 비판에 취약해진다. 게다가 균형을 상실하고 화를 폭발시키는 모습은 대중에게 우스꽝스럽게 비춰진다.

흥분한 사람을 대할 때 가장 좋은 방법은 무반응을 보이는 것이다. 상대에게 주눅 들어 듣고만 있으라는 것이 아니다. 상대방과 같이 감정적으로 맞받아치거나 조롱하는 것이 아니라, 냉정한 태도로 오직 사실관계만 따져 차분하게 조목조목 대응하는 것이다. 사실(Fact)로만 대화한다면 흥분했던 적은 순간 바보가 되어 버릴 것이다.

강남 초선 시의원의 맹공

최호정 시의원(새누리당)은 서초구 제3선거구에서 당선된 젊은 초선 여의원이다. 이 젊은 정치가에게는 '다윗과 골리앗' 같은 연출을 국민들에게 보여주어 정치 신예로 거듭날 기회가 필요했다. 이러한 판단 아래 최 의원은 2013년 6월 서울시의회 시정 질문에서 박원순 시장을 공격하기로 마음을 먹는다.

당시 서울시는 직접민주주의를 표방하기 위해 '1,000인의 원탁회의'라는 행사를 벌였고, UN으로부터 좋은 평가를 받아 UN공공행정상을 수상하게 된다. 그런데 사실 당시 원탁회의는 너무 많은 사람들이 참가해서 그런지 매끄럽게 진행되지 못한 점도 있었다. 그리고 이러한 점은 여당인 새누리당 소속의 최 의원에게 좋은 공격 대상이 되었다.

공격은 사전에 준비된 것이었다. 누가 봐도 공격자에게 유리한 게임이었다. 하지만 승부는 의외의 곳에서 갈렸다. 최 의원의 불안한 음성과 산만한 몸 동작이 청중들로 하여금 발표내용에 집중하지 못하게 한 것이다. 이러한 최 의원의 태도는 보는 이로 하여금 불쾌감을 불러일으켰다. 게다가 얼마 후에는 최 의원이 자신의 감정을 주체하지 못하고 박 시장의 말을 도중에 끊기도 하고, 'UN을 속여서 상을 받았다'는 등의 막말도 하게 되었다. 결과적으로 최 의원이 좋은 무기를 가지고도 대중을 설득하는 데는 실패한 것이다.

이렇게 급급한 모습을 보여주며 최 의원은 무너졌지만, 반대로 상대측인 박 시장은 시정 질문 내내 차분한 모습을 보여주었다. "오늘 일 나중에 사과하실 거죠?"라는 농담도 던지며 전혀 흔들리지 않았다.

만약 박 시장이 최 의원과 감정적으로 대립했더라면 어땠을까? 최 의원의 비판에 같은 방식으로 맞받아쳤더라면, 공격을 미리 준비했던 최 의원에게 박 시장은 패배했을 것이다. 신예 시의원에게 말려들어 패배한 골리앗 시장. 아마 매우 좋은 기삿거리가 되었을 것이다. 하지만 정치적으로 노련한 박 시장은 냉정을 유지했고, 언론의 비난은 최 의원을 향했다.

위대한 승리일수록 더 위험하다

프랑스 황제, 나폴레옹은 1811년 러시아 원정계획을 신하들에게 발표했다. 대제국인 러시아를 점령해서 온 유럽대륙을 프랑스의 지배하로 편입시키는 거대한 전쟁이었다. 충신들은 러시아같이 큰 나라를 공격하는 것은 위험하다고 직언하였다. 하지만 26세에 이미 혁명군 준장에 올라 지금까지 한 번도 패배한 적이 없었던 황제는 그 어느 때보다도 자신감에 차 있었다. 독일, 오스트리아, 이탈리아, 스페인, 폴란드, 스위스, 네덜란드…. 그가 가는 곳마다 프랑스군은 계속 승리했고, 점령지 국민들은 황제를 환영했다. 황제는 위대한 전쟁을 이끌면서 반복된 승리에 한껏 감정이 고취되어 있었다.

나폴레옹은 역사상 유래가 없었던 총 65만 명(프랑스 25만, 독일 및 오스트리아 20만, 폴란드 20만)의 대규모 병력을 준비했다. 45만 명은 주력 공격부대로 삼고 20만 명은 통신과 보급에 배정했다. 이런 대규모 병력이면 러시아의 거대한 땅덩어리도 정복이 가능해 보였다. 완벽을 더하기 위해서 1709년 스웨덴이 러시아를 침략했다가 실패한 사례를 분석하고, 외교적으로 러시아가 오스만 투르크와 사이가 좋지 못하다는 점을 이용해 러시아 남부를 어지럽힐 구상을 하기도 하였다.

프랑스군은 러시아 국경 근처의 군량창고에 귀리와 밀을 가득 채웠고, 마차 6,000대로 17개의 보급대대를 만들었다. 15만 마리의 군마(軍馬)를 먹일 풀을 얻기 위해 원정 시기도 목초가 자라나는 6월로 미루었다. 생각할 수 있는 많은 변수를 고려해 보고 나서 황제는 3주 안에 승리를 할 수 있다는 결론에 다다랐다. 이제까지 나폴레옹의 예상은 틀린 적이 없었기 때문에 신하들도 반대할 수 없었다. 이렇게 나폴레옹의 65만 대군은 단 3주만큼의 보급만 가지고 1812년 6월 러시아 침공에 나서게 된다.

나폴레옹은 세세한 전략을 짜는 치밀한 사람이었지만, 러시아 원정만큼은 첫 단추부터 잘못 꿰어졌다는 느낌을 받게 했다. 생각보다 훨씬 더운 대륙성 기후의 여름과 열악한 도로 사정 때문에 행군이 계속 지체됐다. 1만이 넘는 군마가 썩은 풀을 먹고 죽었다. 러시아군이 농지에 불을 놓아 자체 조달할 식량이 늘 부족했고, 질병까지 돌아 매일 900명에 가까운 사상자가 발생했다. 러시아의 소규모 코사크기병대는 게릴라 전술을 이용하여 밤마다 프랑스군을 괴롭혔다. 수십

명밖에 안 되는 기병대로 수만의 프랑스군이 수면 부족에 시달리도록 한 것이다.

전투다운 전투 한번 치르지 못하고, 러시아 서부의 중심도시, 스몰렌스크에 도착했을 때, 45만 명에 이르던 공격부대는 3개월 만에 15만 명으로 줄어 있었다. 열악한 도로사정으로 보급마차가 제때 도착하지 못했고, 황무지에서의 식량과 식수가 부족해 상한 음식과 진흙탕 물을 병사들에게 공급할 수밖에 없었다. 때문에 전사자보다는 탈영, 기아, 부상, 자살, 수인성 전염병으로 인한 비전투 손실이 막대했다. 한편 잃을 것이 별로 없었던 러시아군은 스몰렌스크에서 단 며칠간 싸우는 척을 하다가 도시를 파괴하고 동쪽으로 멀리 도망쳤다.

나폴레옹은 수도 모스크바만 점령하면 이 전쟁이 끝날 것으로 생각했다. 모스크바에서 120㎞밖에 안 남은 곳까지 다다랐을 때, 이제까지 후퇴만 했던 러시아군은 갑자기 방향을 바꿔 프랑스군과의 전투에 임했다. 러시아군은 수도 모스크바를 지키겠다는 비장한 각오로 맞서 싸웠지만, 전술의 신인 프랑스의 적수는 되지 못하였다. 이 전투에서 러시아군은 5만 명이 죽고, 프랑스 군은 3만 명이 죽었다. 결국 일주일 뒤에 나폴레옹은 드디어 모스크바 입성에 성공한다.

그런데 이상한 일이 일어났다. 모스크바는 아무것도 없이 텅 비워진 채로 불타고 있었다. 나폴레옹은 수도를 점령했기 때문에 전쟁이 끝났다고 생각했지만, 러시아군은 전혀 항복할 기미가 없었다. 이전에 그가 정복했던 나라들과는 전혀 달랐다. 프랑스 군대는 10만 명으로 줄어 있었기 때문에 나폴레옹은 조급해졌다. 그에 반해 느긋한 러시아군은 겨울을 기다리는 중이었다.

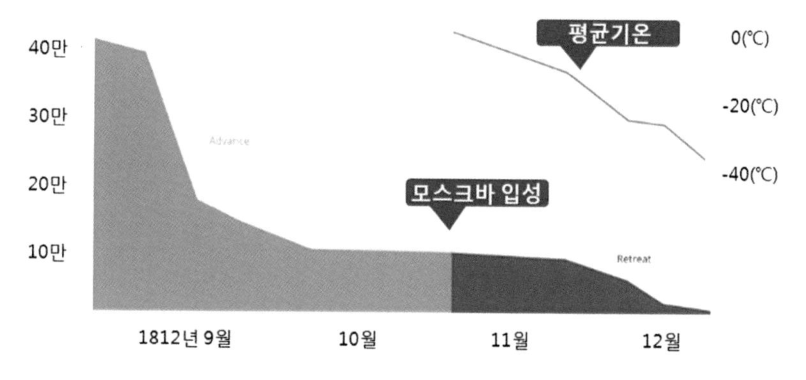

러시아 원정 기간 동안의 프랑스군 전투병력의 감소폭

군대에 보급을 할 수 없었던 프랑스군은 결국 모스크바를 버리고 후퇴할 수밖에 없었다. 러시아 게릴라의 공격을 받아내며 눈을 헤치며 프랑스로 후퇴했을 때, 65만에 달하던 나폴레옹의 군대는 2만 5천 명이 되어 있었다. 50만 명이 죽고, 10만 명이 넘는 군인이 러시아군의 포로로 잡혔다. 막대한 피해에 독일과 오스트리아는 프랑스에 대항해 반기를 들었고, 이탈리아에서는 반프랑스 폭동이 일어났다. 그리고 남쪽 스페인에서는 영국군이 프랑스를 향해 진격하고 있었다. 나폴레옹 몰락의 시작이었다.

말 그대로 위대한 승리일수록 더 위험하다. **승리감에 연속하여 도취된 사람은 이성적인 판단을 하기가 힘들다.** 감정적인 맹신으로 말도 안 되는 결정을 하게 되는 것이다. 러시아의 차르 알렉산드르 1세는 나폴레옹을 잘 알고 있었다. 나폴레옹이 싸움에 능한 호전적 성격임을 파악하고는 러시아군을 후퇴시켜서 프랑스군을 조급하게 만들었다. 사국의 넓은 영토라는 장점을 최대한 활용한 것이다. 러시아군이 후퇴하면 후퇴할수록 나폴레옹은 빨리 추격하여 그가 자신 있는 전투기술로 대승을 거두고 싶어 했다. 그러나 끝없는 진격 끝에 기다리고 있었던 것은 공허감 가득 찬 텅 빈 도시뿐이었다.

정 리

당신의 감정을 지속적으로 통제하라. 방심했다간 그동안 이루었던 모든 것을 잃을 수 있다.

전투에 필요한 병력

(믿을 건 자신의 세력뿐이다)

적군(회사 내 세력다툼이나 회사 간 경쟁)을 상대로 한 공격과 방어에는 군대(세력)가 필요하다. 군대의 종류는 소송에 따라 자국군, 용병, 원군 이렇게 세 가지로 나뉜다. 전투는 이 다양한 종류의 군대를 사용해서 이루어지게 되는데 각각의 군대에 대한 설명은 다음과 같다.

1. 자국군은 본인이 직접 키우고 유지하는 고유의 세력이다.
2. 용병은 상대 세력에게 공격에서 승리했을 때, 어떤 이득을 주겠다는 담보로 같은 편으로 끌어들인 세력이다.
3. 원군은 적군도 아군도 아닌 별개의 제3세력으로서, 도움을 요청하여 얻은 타인의 세력이다.

이미 보유하고 있는 세력이 강대하여 제대로 된 자국군을 조직하고 있다면, 전투를 두려워할 이유가 없다. 도전해 오는 상대를 야전에서 일전을 벌여 섬멸하면 되기 때문이다. 하지만 회사 내에서 짧은 경력으로는 그런 세를 만들기가 거의 불가능하다. 그러므로 이 장에서는 적군을 정면으로 대적하지 못하는(세력이 약하거나 공격방법이 마땅치 않은)

군대의 경우를 주로 설명하기로 한다.

세력이 약한 군대도 일단은 자신만의 힘으로 자신을 지킬 줄 알아야 한다. 당장은 힘들겠지만 홀로 서는 것이 나중에 원군이나 용병의 간섭을 받는 것보다 이득이 큰 경우가 많다. 오히려 위기를 자신의 세력만으로 견더냄을 보여줌으로써 쉽게 쓰러지지 않는 자신의 세를 강화시키는 계기로 삼는 편이 좋다. 손쉽게 다른 이의 도움을 구하는 것은 미래에 큰 위험을 불러일으키는 꼴이다.

게다가 리더를 위해 희생한 그의 세력은 더욱더 강한 결속을 한다. 강한 적이 공격하여 자신의 세력들이 약간의 피해를 입는다면 리더를 중심으로 결집하게 되기 때문이다.

만약, 도저히 상대가 안 되는 적을 마주하여 방어를 해낼 자신이 없다면 용병이나 원군의 도움이 필요하다. 하지만 도움을 요청하기에 앞서 계산할 것이 있다. **용병과 원군에게서 받는 도움이 미래에 그들이 자신을 향해 간섭하여 얻는 피해보다 크다면 도움을 받아라.**

혼자서 괴롭더라도 버텨낼 가능성이 있다면 혼자서 싸워라. 패배하는 한이 있다 하더라도 회사 내에서 자신이 회복 불가능한 치명적인 타격을 받지 않는다면 혼자서 장렬히 싸우다 패배하는 편도 나쁘지 않다. 전투에서 질 경우 치명적인 사태를 낳을 때만 원군이나 용병을 모집하라. 작은 이익을 탐하다 전체를 잃는 과오를 범할 수 있기 때문이다.

15세기 독일의 도시국가들

독일의 도시들은 복잡하게 분열되어 있었음에도 프랑스나 오스트리아처럼 강한 세력들에게 간섭받지 않고 자유를 누리고 있었다. 그들은 자신들이 원할 때만 독일(신성로마제국)의 황제에게 복종했다. 황제나 주위의 강력한 세력(프랑스, 스페인, 오스트리아의 합스부르크 가문 등)을 무서워하지 않았다.

도시들은 성벽이 두터운 성채와 그 성을 두르는 깊은 해자(垓字)를 갖추고 있었다. 무기고에는 충분한 대포가 구비되어 있었고 창고에는 1년을 버틸 수 있는 식량, 식수, 연료가 상시 보관되고 있었다. 독일의 도시들은 이렇게 방비가 훌륭했기 때문에 정복되지 않고 자유를 누릴 수 있었던 것이다.

전쟁에 용병과 원군의 도움을 섣불리 요청하는 것은 무익하고 위험할 수 있다. 그들은 분열되어 있고, 야심이 있으며, 예측하기 어렵고, 신의 또한 없기 때문이다. 공격에 있어서도 우군 사이에서만 용감하고 적군 앞에서는 비겁해진다. 이런 자들의 도움을 받아봤자 당신의 패배를 조금 지연시키는 효과밖에 없다. 같은 편으로 끌어들이기 위해 당신이 용병에게 제공한 이익은 그들에게는 충분치 않다. 그들은 전력을 다해 당신을 방어하지 않을 것이다. 평화 시에 당신의 용병은 당신의 농지를 약탈할 것이며, 전시에는 쉽게 탈영할 것이다.

로마와 스파르타는 여러 세기 동안 자력으로 무장했기 때문에 자유를 얻을 수 있었다. 반면 카르타고는 용병에 의지하다가 로마에 정복당했다. 그리스의 도시국가 테베는 마케도니아의 필리포스의 용병을 이용해 전쟁에 승리하였으나, 전쟁 직후 용병인 필리포스에게 정복당했다. 이처럼 용병을 사서 얻는 것은 시간이 오래 걸리고 사소한 반면, 잃게 되는 것은 순식간이며 거대할 수밖에 없다.

역사 속 용병의 모습(세키가하라 전투)

임진왜란이 끝나고 얼마 지나지 않은 1600년 10월 일본 중부의 기후현(岐阜県)에는 도요토미 히데요시 가문을 지지하는 서군(關西: 간사이)세력과 도쿠카와 이에야스 가문을 지지하는 동군(關東: 간토)세력이 서로를 노려보며 대치하고 있었다. 400년이 흐른 지금까지도 뿌리 깊게 이어지는 일본의 동서 지역감정의 발단이 된 세키가하라전투(関ヶ原の戦い)의 시작이었다.

전투는 서군에게 유리하게 진행되고 있었다. 이시다 미쓰나리(石田三成)를 지휘관으로 하는 10만 4천 명의 군사가 있었다. 반면 동군은 도쿠가와 이에야스(德川家康)을 중심으로 한 8만 2천 명의 병력만 있었다. 서군은 우세한 병력 수뿐만 아니라 지리적인 이점도 가지고 있었다. 많은 병력으로 동군을 반 포위상태로 둘러쌓은 것이었다. 훗날 메이지시대(1868~1912) 때 일본에 군사고문으로 파견된 독일의 클레멘스 메켈 소령은 군사배치도만 보고서 서군의 승리를 장담했다고 한다.

그러나 결과는 예상 밖의 일이었다. 도쿠가와의 동군이 승리한 것이다. 서군은 동군보다 더 많은 병력으로 유리한 지형을 선점하고 있었고, 과거 전국통일과 조선침략 등으로 실전 경험도 더 뛰어났다(관료세력중심의 동군은 일본통일전쟁과 임진왜란에 참가하지 않았기 때문에 전투경험이 서군보다 열세였다). 하지만 전투는 서군의 패배로 끝이 났다. 어떻게 된 일일까?

1598년 도요토미 히데요시(豊臣秀吉)가 임진왜란에 실패하고 죽자 일본의 영주(다이묘)들은 무단파(武斷派: 서군)와 이료파(吏療派: 동군)로 나뉘어 서로 대립하게 된다. 서군은 도요토미의 정권수립과 임진왜란 같은 주로 군사적인 활약을 보였다. 이에 반해 동군은 관료, 경제 등 내치에서 활약하였다.

서군과 동군은 서로의 세력을 키우는 데 집중하였다. **서군은 수도(교토)에서 창고의 황금과 쌀을 풀어 많은 용병을 불러 모았다.** 반면 동군은 당시 미개척지역에 불과했던 에도(지금의 도쿄)에서 힘을 기르며 다이묘간의 결혼과 영지분배를 통해 서로를 단단히 결합시켰다. 조직력 측면에서는 단순히 돈 관계로만 묶인 서군보다는 동군이 강했다.

다시 세키가하라로 돌아가 보자. 아침의 짙은 안개로 인해 전투는 2시간가량 지연되었다. 안개가 걷힌 후 동군의 조총부대가 서군에게 발포하면서 전투는 시작되었다. 초반의 승기는 예상대로 서군이 잡았다. 하지만 동군의 도쿠가와는 계속된 패배에도 당황하지 않고, 계속해서 군사를 전장으로 투입시켰다. 뭔가 믿는 구석이 있는 것 같았다.

전쟁의 승부는 서군의 고바야카와 히데아키(小早川秀秋)의 배신으로 전환점을 맞았다. 이윽고 고바야카와를 지켜보고 있던 와키자카 야스하루(脇坂安治: 임진왜란에서 이순신 장군과 싸워 패배한 적이 있다)를 필두로 여러 서군들이 배신하여 동군편으로 싸우기 시작했다. 동군의 도쿠가와는 조직력이 약한 서군 지휘관들에게 파고들어 서군 내의 배신을 유도한 것이었다. 서군은 도저히 같은 편의 배신을 감당할 수 없었다. 순식간에 서군의 2만 2천 명의 병사가 동군이 되어 버렸다. 세키가하라 전투는 대규모 전투임에도 불구하고 배신으로 단 하루 만에 싱겁게 끝이 나버렸다. 조직력이 승부를 갈랐던 것이다.

역사 속 원군의 모습(투르크)

동로마 제국(비잔티움)의 황제는 인접국과의 전쟁 때문에 투르크의 술탄에게 1만 명의 원군을 요청하게 된다. 1347년 전쟁은 매듭지었지만 투르크군은 그리스를 떠나려 하지 않았다. 그리고 이것이 계기가 되어 2천년 역사를 자랑하는 위대했던 비잔티움은 1453년 투르크에게 수도가 함락됨으로써 멸망했고, 1830년 그리스라는 이름으로 독립할 때까지 이교도에 의해 지배를 받게 된다.

동로마 제국은 자신들보다 더 강한 세력인 투르크와의 동맹을 통해 자신들을 지키고자 하였다. 이는 엄청난 실수였다. **자신보다 강한 세력과의 동맹은 파멸을 부르기 때문**이다. 따라서 마키아벨리는 어떠한 불가피성에 의해 강요되지 않는 한, 결코 자신보다 강한 세력과 동맹을 맺지 말라고 조언한다. 강한 세력과의 동맹으로 인해 전쟁에서 승리한다 해도, 전쟁이 끝나면 당신은 강한 세력의 포로가 되기 때문이다. 작은 불이익을 피해 보고자 꾀를 쓰면 또 다른 불이익에 직면하는 것이 세상의 이치이다.

자신보다 강한 자에게 도움을 구하지 말라(아일랜드의 비극)

지도상 영국의 왼쪽에 위치한 아일랜드는 12세기에 다섯 개의 세력으로 분열되어 세력다툼을 하고 있었다. 얼스터(Ulster), 코노트(Connacht), 미스(Meath), 렌스터(Leinster), 먼스터(Munster)로 나누어진 귀족들은 영토나 군사력이 서로 엇비슷했기 때문에 쉽게 전국통일을 꾀할 수 없었다. 이에 렌스터의 아일랜드인들은 옆 나라인 잉글랜드의 도움을 얻어 이웃들을 공격하고자 하였다.

당시 잉글랜드의 국왕 헨리2세는 원군을 청하는 렌스터의 기대에 즉각 부응해 대군을 파병하게 된다. 하지만 이는 기만술이었고, 잉글랜드의 막강한 군대는 순식간에 렌스터를 점령해 버리고 식민지로 삼게 된다. 렌스터를 얻어 침략의 기반을 세운 잉글랜드는 헨리8세가 정권을 잡게 되는 16세기 초에 아일랜드 전체를 점령하는 데 성공한다. 힘이 약했던 렌스터가 다른 지방을 침략하려는 욕심이 잉글랜드라는 무서운 호랑이를 불러온 대가였다.

헨리2세는 아일랜드가 철저히 영국화 되기를 원했다(후에 조선을 침탈한 일제도 같은 방법을 사용한다). 아일랜드인들이 쓰던 게일어(Gaelic)를 금지시키고 영어를 사용하도록 종용했다. 그리고 잉글랜드인 2만 명, 스코틀랜드인 15만 명을 아일랜드로 이주시켜 아일랜드인들을 견제토록 하였다. 종교의 자유 또한 핍박을 받았다. 기존의 가톨릭을 버리고 영국의 왕을 중심으로 하는 영국성공회를 믿도록 강요하였다.

이민족에게 나라를 빼앗긴 아일랜드의 현실은 여기에서 그치지 않았다. 잉글랜드인과 스코틀랜드인, 그리고 성공회로 개종한 친영파 아일랜드 귀족들은 기존의 아일랜드인들이 소유한 토지를 빼앗았다. 아일랜드 농민들이 소유했던 토지부동산은 18세기 초에 전체 영지의 96%에서 30% 수준으로 격감했다. 대다수 아일랜드인들이 친영파 귀족세력의 소작인으로 전락한 것이었다.

때마침 유럽의 패자로 등상한 나폴레옹은 아일랜드를 너욱 힘들세 했다. 영국(잉글랜드)과 반목했던 나폴레옹이 영국을 견제하고자 유럽 대륙의 모든 나라들이 영국과 무역을 하지 못하도록 하였다. 그러자 식량을 수입에 의존했던 영국본토는 아일랜드에서의 수탈을 더욱 가

속화시켰다. 친영파 귀족들은 영국의 기대에 부응하여 농지에서 생산한 밀과 가축을 영국으로 반출하는 데 앞장섰다(일제강점기의 일제도 조선의 쌀을 전북 군산항을 통해 일본본토로 실어 나르기에 바빴다).

19세기 초에 이르자 아일랜드 전체 인구의 90%가 소작농이 되어 있었다. 곡식과 가축을 모두 빼앗긴 아일랜드인들은 살아남기 위해 아메리카 대륙에서부터 전해진 감자농사에 전념할 수밖에 없었다. 신대륙에서 온 감자는 버릴 것이 없었다. 감자 알맹이는 좋은 한 끼 식사가 되었고, 감자껍질은 돼지를 먹여 고기를 얻을 수 있었다. 감자는 소작농들에게 조금이라도 윤택한 삶을 영위하도록 도와주는 필수품이었던 것이다.

그러나 서민들의 마지막 희망이었던 감자농사마저 그 효과가 오래가지 못했다. 대규모 식물전염병이 발생한 것이다. 1843년 미국 동부 해안에서 처음 발견된 이 병해는 '감자마름병'으로 명명되었다. 감자 전체가 갈변하고 끝내 감자 전체가 썩어 버리는 무시무시한 병해였다. 1845년이 되자 마름병은 유럽의 네덜란드로 옮겨오게 되었고, 이윽고 같은 해 10월에 아일랜드로도 전염되었다. 1845년에 아일랜드에서 수확한 전체 감자의 30%가 썩어 버렸고, 다음 해인 1846년에는 감자의 75%가 병에 걸려 도저히 먹을 수 없는 지경에 이르렀다.

마름병이 지나간 폐허는 믿을 수 없을 만큼 피폐했다. 감자를 주식으로 했던 아일랜드인 100만 명이 굶어 죽었다. 이러한 식민지의 참상에도 불구하고 영국의 존 러셀 총리를 중심으로 한 영국내각은 자유방임주의를 앞세워 아일랜드를 무시했다. 일주일에 2,500명씩 죽어 나간다는 소문은 저 멀리 터키에 있었던 오스만제국의 술탄 압

둘메지드1세에게까지 들어갔다. 자비로운 동방의 왕은 아일랜드로 대규모의 구호식량을 보냈다. 무려 8천 파운드어치의 밀과 양고기였다. 그러나 부패하고 무능한 영국관리들은 이러한 술탄의 호의를 거절했다. 1천 파운드어치만 받고 나머지는 돌려보낸 것이다. 당시 영국의 빅토리아 여왕 이름으로 2천 파운드어치의 구호식량이 전달되었었는데, 외국의 왕이 이보다 더 많은 양을 기부하면 영국 여왕의 체면이 서지 않는다는 것이 이유였다. 이에 오스만제국의 선원들은 늦은 밤 아일랜드 남부해안에 식량을 몰래 내려놓고 가는 방법으로 맞섰다. 이러한 오스만 선원들의 기지로 약 5,600명의 아일랜드인이 목숨을 구할 수 있었다.

나라를 빼앗긴 민족에게 더 이상의 미래는 없었다. 그 후로도 감자마름병은 계속되었고, 영국은 아일랜드를 돕는 것을 거부했다. 결국 살아남기 위해 아일랜드인들은 미국으로 대규모 이민을 갈 수밖에 없었다. 오늘날 아일랜드 본토에는 450만 명의 아일랜드인이 있고, 미국에는 3,500만 명의 아일랜드계 이주민들이 살고 있다. 국가의 존재 여부가 국민에게 얼마나 중요한 것인지 잘 보여주는 비극적인 수치이다.

자신보다 강한 자에게 도움을 구하지 말라(제정러시아의 중앙아시아 정복)

1700년대 초, 중앙아시아의 카스피해 연안에는 우즈베키스탄인들이 주축이 되어 세운 이슬람 국가인 히바칸국(Khiva)이란 나라가 있었다. 당시 히바칸국은 민족 간의 대립으로 내전에 시달리고 있었다. 이에 칸(Khan: 왕)은 북쪽에 있는 강국 러시아에 도움을 청하게 된다. 자신의 결정이 150년 뒤 조국에 어떤 영향을 미칠지 생각도 못한 채 말이다.

당시 러시아는 이웃 나라인 스웨덴과의 전쟁에 모든 역량을 투입하고 있어서 히바칸국을 도울 수 있는 여력이 없었다. 전쟁 중에 200만 명이 넘는 인명손실을 입은 러시아의 군주 표트르 대제는 히바칸국의 제안을 거절하고 내치에 힘쓰게 된다.

마침내 스웨덴과의 대북방 전쟁(大北方戰爭)에서 승리한 러시아는 히바칸국에 신경 쓸 틈이 생기게 된다. 히바칸국의 아무다리야강에서 엄청난 수의 금광이 발견되었다는 소식에 표트르 대제는 욕심이 생기게 된다. 이전의 히바칸국의 보호 요청을 기억해낸 표트르 대제는 1716년 알렉산드로 베코비치 대공을 중심으로 한 5천 명의 군대를 보내주게 된다(이 군대의 주목적은 히바칸국을 지키는 것이 아니라, 아무다리야강에 있는 금광의 위치를 파악하는 것이었다).

러시아의 지원군이 도착했을 때 히바칸국은 내전이 마무리되어 더 이상 러시아의 도움이 필요하지 않은 상태였다. 근대식 소총과 대포로 무장한 대규모의 군대를 본 히바인들은 그때서야 자신들의 실수를 깨달을 수가 있었다. 러시아군은 자신들을 도와주러 온 군대가 아니라 자신들을 정복하러 온 군대였다.

이에 히바의 왕은 한 가지 꾀를 내게 된다. 러시아군을 환영하는 연회를 열어 상대의 호감을 산 뒤, 미리 매복해 있던 군사들로 하여금 기습하게 하는 계책을 준비하였다. 공격을 전혀 예상치 못했던 러시아군은 5천 명의 군사 중 40명만 살아서 탈출을 하였다. 포로로 잡힌 군인들은 모두 노예로 팔려 나갔다. 사실상 전군이 전멸을 당한 것이었다.

군대의 전멸소식을 들은 표트르 대제는 격노했다. 당장이라도 히바칸국을 점령하려 했지만, 당시의 유럽 정황이 또 한 번 히바칸국을 살리게 된다. 북쪽의 스웨덴과 남쪽의 오스만투르크가 동맹을 맺어 러시아를 압박하기 시작한 것이었다.

군대를 잃은 러시아가 반격하지 않자 히바칸국은 점점 거만해졌다. 러시아를 땅덩이만 큰 힘없는 나라로 인식하고 러시아의 국경 근처 마을을 마음껏 약탈하기 시작했다. 러시아는 날뛰는 히바인들을 통제할 수가 없었다. 스웨덴과 오스만투르크를 견제하기 위해 주력부대를 유럽 전선에 배치해두어야 했기 때문이다. 잔인한 히바인들은 수많은 러시아인을 납치하여 노예로 삼았다. 건장한 청년들은 강제노동에 시달렸고 미모가 아름다웠던 러시아의 소녀들은 히바의 아동성애자들에게 비싼 값으로 팔려나갔다.

러시아는 이런 히바인들의 만행을 절대 잊지 않았다. 복수를 위해 백 년 이상을 기다리는 쪽을 택한 것이다. 러시아는 유럽전선의 일이 정리되자마자 대규모의 군대를 히바로 보냈고 결국 1873년 히바칸국은 러시아군에게 완전점령 당하게 된다. 그리고 그 어느 때보다도 처절하고 잔인한 복수가 시작되었다.

> "아시아인들은 맞으면 맞을수록 말을 잘 듣는다. 더 강하게 때릴수록 복종하는 시간도 늘어난다."
>
> — 히바칸국을 점령한 러시아군의 장교가 실제로 했던 말

원군이란 일정 이익을 공유하거나 제공함으로써 얻는 용병과는 달

리 외부의 강력한 세력에게 도움을 요청해서 얻는 일시적인 군대이다. 적군과 아군 모두에게 관련되지 않은 제3 세력이지만, 용병보다 더 위험할 수 있다. 전쟁에서 원군이 패하면 당연히 당신은 몰락할 것이고, 승리한다 하더라도 원군의 처분에 맡겨지는 포로가 되기 때문이다.

용병은 급료를 받으려는 욕심에 당신에게 충성하는 시늉이라도 하지만, 원군은 당신이 아닌 그들의 리더에게 복종한다. 따라서 현명한 사람이라면 원군을 멀리하고 자신의 세력에 의지해야 한다.

정 리

인간은 이성적이지 못한 존재여서, 용병과 원군의 단맛을 즐기느라 후에 다가올 파멸을 인지하지 못한다. 일어날 수 있는 피해를 발생 단계에서부터 알아차릴 수 있는 지혜가 필요하다.

내가 없어도 회사가 잘 돌아갈까?

(사표 쓰고 싶을 때)

아라비아 반도의 끝자락, 남(南)예멘의 항구도시에서 페르시아 상인이 아랍 상인에게 '물건'을 팔고 있다.

"이번에 바실라(신라의 옛 이름)에서 잡아 온 노예인데, 잘 먹이면 성실해서 일을 곧잘 할 겁니다."

페르시아 상인이 웃으며 말했다.

아라비아 상인은 그저 고개를 저었다.

"노예가 50디나르나 하다니, 차라리 노새를 사겠소."

"뭐 서두를 것 없소. 우리 페르시아 사람들은 이곳 아덴에 삼 일간 머무를 테니, 기분만 좋다면 노새 반값인 20디나르까지 깎아줄 수도 있소."

아라비아의 희박한 공기는 노예에게는 어딘가 다른 영역에서 찾아온 것이었다. 그는 이마의 땀을 훔쳤다. **아라비아 상인이 말하는 건 왠지 언제나 옳다.**

회사에 다니면서 그만두고 싶다는 생각을 누구나 한 번쯤은 한다. 아니 거의 매일 할 가능성이 크다. 우리는 우리의 젊음을 회사에 빼앗기는 것만 같다. 학교에 다녔던 20대 때는 몸이 이렇게 망가지지 않았었고, 정신 또한 이렇게까지 피폐하지 않았었다. 그렇다. 회사는 당신의 젊음을 돈을 주고 구매하고 있는 것이다.

입사 후 여러 해가 지나 업무에 익숙해지면 문득 의문 하나가 생긴다.

'내가 없어도 우리 부서가 정상적으로 돌아갈까?'

당신이 갑자기 떠난다면 회사는 일시적으로 타격을 입을 수도 있다. 하지만 아쉽게도 현실적으로 그 타격이 그리 오래가지 않을 것이다. 회사 내 업무는 대졸이나 해당 전공자라면 충분히 해낼 수 있는 것들이 대부분이기 때문이다. 인수인계 기회만 있으면 누구나 능히 해낼 가능성이 있다.

인수인계가 안 된다 하더라도 새로운 방법을 후임자가 만들어 낸다. 당신이 나간다고 해서 일시적인 타격이 있을 수 있지만 기업이 망하는 사례는 극히 드물다. 답은 늘 회사 편이다. 그렇기에 당신이 업무를 잘 수행할 수 있었던 것은 당신의 능력이 뛰어나서라기보다는 자리의 권능 때문이라고 보는 것이 합당하다.

담론의 저자 신영복 교수의 통찰

히말라야 높은 설산에 사는 토끼가 가장 조심해야 하는 것이 무엇일까. 극한 환경에서의 가혹한 추위? 답은 **'평지에 사는 코끼리보다 자기가 크다고 착각하지 않는 것'**이다. 우리는 회사라는 갇힌 공간에 있으면서 각자가 소소한 권력의 자리에 앉아서 그 자리의 권능을 자기 개인의 능력으로 착각하곤 한다고 신영복 교수는 말한다. 회사 시스템 내의 유기적인 결합을 이용해서 성과를 내는 것이 자기의 능력이라고 착각하면 안 된다. 사람과 자리를 혼동하지 말아야 한다.

역사 속에서의 사례

고대 로마시대에는 점령지의 지식인들이나 똑똑한 노예를 뽑아서 법, 회계, 통역 등을 전문으로 하는 특별한 노예로 삼았다고 한다. 이 전문가 노예들은 자신이 모시는 가문의 이름을 새긴 나무조각을 가슴에 달고서 귀족들로부터 일정액의 월급도 받았다. 만약 다른 가문의 노예들끼리 마주치기라고 하면 더 세력이 강한 가문의 노예가 그렇지 못한 노예에게 우쭐거리는 행동을 하기도 하였다고 한다. 이 노예들은 가문의 명예를 자신의 명예로 생각하고 가문의 일원인 양 자기 위치에서 최선을 다해 일했다. 심지어 자유시민들보다 자신이 훨씬 우월한 지위에 있다고 착각하였다. 받은 봉급으로 자유를 살 수도 있었지만, 딱히 자유를 원하지 않았고, 국가적으로 매우 중요한 일을 한다는 사실만으로도 보람을 느꼈다. 주인에게는 그냥 기분만 나빠도 죽일 수 있는 존재인데도 말이다. 그런데 한 가지 놀라운 사실은 2,000년이 지난 현대사회의 대기업에서도 비슷한 일이 일어난다는 점이다.

무릇 인간이란 자신의 삶을 평가할 때, 창피한 내용은 빼고 무용담이나 미담은 부풀리게 마련이다. 이는 과거가 참담한 사람들만이 자위하는 형태가 아니다. 인간의 뇌 구조 자체가 그렇게 작동하도록 설계되어 있는 탓이다.

지금 이 시대의 삶은 너무나도 가혹하다. 독일의 철학자 니체는 농

노사회였던 유럽의 중세인들은 알코올로 세월을 버텼다고 말했다. 그리고 최면제인 알코올이 각성제인 커피로 바뀌면서 근대 르네상스가 시작되었다고 한다.

하지만 작금의 한국 사회를 보라. 근대에서 현대로 바뀐 지 오래이건만 지금도 많은 회사원들은 중세유럽과 크게 다르지 않다. 알코올의 최면과 담배라는 마약에 의존하고 있다. 불가피한 이 가혹한 현실 속에서 나아갈 길을 끊임없이 찾고 있는 당신에게 존경과 찬사를 보낸다.

정 리

절대 그렇지 않다. 끝까지 이 회사에 붙어 있어라!

빛 좋은 개살구 떠넘기기

여기 당신의 경쟁자를 완전히 골로 보내 버릴 수 있는 방법이 있다. 바로 빛 좋은 개살구를 선물하는 것이다. 회사에서 일을 하다 보면 겉보기에는 유망해 보이는 사업이지만 실속은 없는 그런 프로젝트가 있다. 잘나가는 당신의 경쟁자를 꼬드겨 이 아름다운 개살구 프로젝트를 전담하게 하자. 당신의 경쟁자는 몰락의 서막을 열게 될 것이다.

나폴레옹의 너무 쉬운 엘바섬 탈출기

1812년, 러시아 원정에서 실패한 나폴레옹은 몰락했다. 러시아 침공에서 너무 많은 프랑스군이 전사하였고, 민중은 나폴레옹에게서 돌아섰다. 1814년 4월, 나폴레옹은 파리 북부의 퐁텐블로 궁전에서 자신의 모든 권력을 내려놓고 엘바섬으로 유배 가기를 청한다. 반나폴레옹 연합군은 쾌재를 불렀다. 프랑스의 무시무시했던 천재 전쟁광이 스스로 한계를 인정하고 물러나겠다니, 이보다 더 좋은 호재는 없었다. 연합군은 빈(Wein) 회의를 열어 과거 프랑스가 점령했었던 나라들을 나눠 먹는 네 혈안이 되었다.

퐁텐블로 조약(Treaty of Fontainebleau)을 통해 나폴레옹은 이탈리아

중부의 작은 섬, 엘바섬으로 쫓겨난다. 연합군은 나폴레옹을 엘바섬의 통치자로 임명했다. 러시아, 영국을 제외한 전 유럽을 호령했던 황제가 인구 1만 명이 조금 넘는 작은 섬의 주인으로 전락한 것이었다. 나폴레옹은 평소 지니고 다니던 독약으로 자살을 시도하지만 이마저도 실패하게 된다. 엘바섬에서 그는 자포자기하지 않고 재기를 꿈꾸며 소규모의 군대를 양성하고 광업과 농업을 근대화시켰지만 작은 섬이라는 공간적 한계가 존재했다.

그런 나폴레옹에게도 기회가 생겼다. 엘바섬으로 유배를 온 지 1년이 안 되서 자신을 도와주겠다는 세력과 연락이 닿은 것이다. 쿠데타로 다시 한 번 프랑스 황제가 될 수 있는 실낱같은 희망이 생긴 것이었다.

1815년 2월 26일, 황제는 대낮에 병사 900명과 함께 스위프트슈어(Swiftsure) 호를 타고 탈출한다. 엘바 섬은 영국 해군의 전함들이 철통같이 감시하고 있었지만, 스위프트슈어 호를 막을 수는 없었다. 아니, 탈출은 오히려 너무 순조로웠다고 봐야 할 만큼 이상한 일이었다. 영국해군은 곧바로 추적을 시작했지만 황제는 멀리 떠나버린 후였다.

프랑스 남부에 상륙한 나폴레옹은 프랑스 제5연대와 마주치게 된다. 제5연대는 쿠데타를 저지하려 나폴레옹을 체포하기 위해 파견된 군대였다. 나폴레옹은 자신을 잡으러 온 군대 앞으로 홀로 나가 외쳤다.

"나폴레옹이 여기 있다. 원한다면 너희들의 황제를 죽여라."

순간 정적이 흘렀고, 갑자기 제5연대의 어느 병사가 외쳤다.

"황제 폐하 만세!"

황제 나폴레옹의 화려한 귀환이었다. 자신을 체포하러 온 군대의 지휘권을 거꾸로 접수하고 파리로 진격했다. 당황한 프랑스의 왕 루이18세는 네이(Ney) 원수를 보내 파리에서 나폴레옹을 막아보려고 했지만, 이번에도 병사들은 옛 지휘관에게 충성을 맹세해 버렸다.

황제가 돌아왔다는 소식에 젊은이들은 영광을 함께하고자 군입대를 앞다투었다. 루이18세는 외국으로 도망쳤고, 나폴레옹의 '백일천하'가 시작된 것이었다.

나폴레옹은 황제로 다시 등극한 후 어떻게 되었을까? 프랑스 애국자들의 희망과는 달리 철저하게 몰락한다. 나폴레옹이 복귀했다는 소식에 반프랑스 연합군이 다시 모여 15만 명의 군대로 쳐들어왔고, 황제는 워털루 전투에서 웰링턴(Wellington)의 영국군과 블뤼허(von Blücher)의 프로이센군에게 패배하게 된다. 전쟁에서 진 나폴레옹은 다시 쫓겨났고 영원히 돌아올 수 없는 아프리카의 황량한 섬, 세인트헬레나로 추방됐다.

사실, 나폴레옹의 엘바섬 탈출은 프랑스의 외무장관 탈레랑(나폴레옹의 정적)의 작품이었다. 그는 엘바섬에 나폴레옹이 남아있다는 것도 위험하다고 판단하였다. 러시아 원정은 실패했어도 프랑스 자체는 건재했었고 여전히 나폴레옹 지지자가 많았기 때문이었다. 언제라도 나폴레옹은 탈출하여 재기할 수 있다는 것을 탈레랑은 알고 있었다. 유럽의 안정과 평화를 원했던 이 유능한 외무장관은 나폴레옹이 재기를 꿈꾸지 못하도록 철저히 부숴버려야 했다. 그렇게 해서 기획된 작품이 바로 역설적이게도 나폴레옹의 귀환이었다.

잦은 전쟁으로 프랑스는 파산 직전이었다. 나폴레옹이 만약 다시 돌아온다 해도 연합국에 다시 대항해 이길 승산은 희박했다. 이런 프랑스의 재무상황을 잘 알고 있었던 탈레랑은 나폴레옹을 다시 한 번 불러내어 그를 철저하게 파괴시킬 음모를 꾸몄다. 작업을 위해 영국과 오스트리아의 외무장관과 합의도 하였다. 그리고 엘바섬으로 들어가 쿠데타 세력인 척 나폴레옹을 유인하는 데 성공하였다. **황제는 스스로 탈레랑이 만들어 놓은 함정에 걸려든 것이었다**.

만약 탈레랑의 생각과는 달리 나폴레옹이 워털루 전투에서 승리했었다면 어떻게 되었을까? 탈레랑은 잃을 것이 없었다. 나폴레옹이 성공하면 그의 조국 프랑스가 다시 도약하는 것이었고, 실패한다면 꼴 보기 싫은 나폴레옹을 영원히 떠나보낼 수 있었던 것이다.

도전! 비행사 양성의 길

2000년대는 지방사립대학으로써는 생존이 위태로운 시기였다. 학생 인구의 꾸준한 감소로 각 대학들은 학생모집에 난항을 겪고 있었다. 이에 충남의 한서대학교는 조종사양성을 위한 항공운항학과를 개설해 경쟁력이 있는 우수한 학과로 만드는 데 성공했다. 중국항공사들의 조종사 스카우트로 국내항공조종인력이 부족해진 틈을 공략한 것이었다. 한서대의 성공을 본 여러 지방사립대학들은 교육부에 항공운항학과 설립을 앞다투어 신청하였다. 멋진 파일럿을 양성하는 학과를 만든다는 것은 경쟁력이 낮았던 지방대학으로선 장밋빛 미래를 약속하는 교육사업이었다.

그러나 그들이 간과한 사실이 있었다. 조종사 양성은 대규모 투자가 필요한 교육사업이란 것이었다. 한서대의 경우만 해도 훈련공항의 활주로를 닦는데 300억 원이 넘는 투자금이 들어갔다. 그리고 제대

한서대학교 비행장 전경 (출처: 『조종사 교과서 1』)

로 된 훈련용 항공기 1기를 구매하는 데에만 4억 원이 넘는 돈이 필요했다. 자금력이 충분했던 한서대와 달리 항공운항학과에 뒤늦게 뛰어든 영세한 지방사립대학의 경영문제는 날로 심각해졌다. 훈련공항을 확보조차 하지 못한 학교가 대부분이었다. 또한, 졸업생들을 취업시킬 국내항공사와의 취업연계MOU도 미비한 실정이었다. 결국 한서대를 뒤쫓던 많은 대학들은 결국 빛 좋은 개살구를 얻으려 노력한 셈이었고, 경영난은 더욱 심해져만 갔다.

이탈리아 건축가의 음모

르네상스 예술의 중심에 섰던 유능한 건축가 필리포 브루넬레스키(Filippo Brunelleschi)는 고민에 빠졌다. 이탈리아의 유명한 두오모 성당의 돔을 보수하는 작업을 하고 있었는데, 시당국이 그의 경쟁자 로렌초 기베르티(Lorenzo Ghiberti)와 함께 일을 하라고 지시한 것이었다. 기베르티도 저명한 예술가였지만 브루넬레스키의 명성까지는 안 되었다. 결국 이 위대한 예술작업의 성과 중 반을 아무 일도 하지 않는 기베르티가 빼앗아 갈 것이 뻔했다.

교활한 브루넬레스키는 묘안을 짜고 병에 걸린 척을 하였다. 시 당국엔 지병 때문에 두오모 성당 작업에서 그만두겠다고 통보를 하였다. 시당국은 처음엔 난처해 했으나 기베르티가 있었으므로 일단은 작업을 계속하기로 결정했다. 하지만 이내 기베르티가 가진 재능의 한계가 찾아왔고, 시 공무원들은 브루넬레스키를 찾아가 공사를 다시 맡아달라고 애걸복걸하기 시작했다. 결국 공무원들은 브루넬레스키가 기베르티를 싫어한다는 것을 눈치챘고, 기베르티를 해고하였다.

만약 능력도 안 되는 당신의 경쟁자가 자꾸 본인의 자리를 탐내면 한 방 먹여줄 계략을 짜보자. 굉장히 어려운 업무가 그에게 돌아가도록 한 뒤, 그의 쓰라린 패배를 지켜보는 것이다. 경쟁자가 허둥대다가 포기한 사안을 당신이 멋지게 나서서 보완한 후 성공시킨다면 회사 내 당신의 입지는 더욱더 탄탄해질 것이다.

정 리

훌륭한 전사는 적에게 가지 않고 적이 오게 만든다. - 손자병법

문제아 쫓아내기

과장급 이상의 관리자가 되면 사원 시절에는 없었던 고민이 하나 둘씩 생긴다. 관리자는 팀원을 관리해야 하는데, 이것도 사람을 다루는 일이라 문제가 여간 많은 것이 아니기 때문이다. 이 장에서는 마음에 들지 않는 부하직원을 쫓아내는 법을 알아보자. 아직 사원 단계인 당신이라면, 관리자들의 공격방법을 미리 학습하고 피해자가 되지 않도록 조심 또 조심하여 예방하도록 하자.

아무리 큰 문제가 있는 직원이라도 정규직, 비정규직을 막론하고 사람을 해고하기란 무척 힘든 일이다. 그렇다고 해서 옆에 두고 끌고 가자니 팀을 이끌어 나갈 자신이 없을 때가 있다. 부하직원의 문제는 곧 관리자의 능력부족을 의미하는 것이기 때문이다. 문제아 직원이 비정규직이라고 하더라도 마냥 계약기간이 끝날 때까지 참고 기다리기에는 상부의 인내심이 허락하지 않을 수도 있다.

이런 경우에는 한국의 법적 체계를 교묘히 피해 문제직원들을 제거할 계책이 필요하다. 기본적으로 노동법은 부당한 해고나 보복조치로부터 직원을 지켜주기 위해서 제정되어 있으나, 허점이 너무 많아 회사원들은 충분한 법의 보호를 받지 못하는 경우가 대부분이다. 때문에 관리자가 법의 테두리를 교묘하게 피해서 아래 직원들을 괴롭히는 방법은 무궁무진하다.

해고의 사유를 직접적으로 밝히지 말라. 특정한 이유 때문에 해고를 한다고 명확하게 알리면 추후에 법적인 소송에 휘말릴 수 있다. 2008년 한 호텔의 자재부 차장으로 일하던 허 씨는 잦은 지각 때문에 회사로부터 해고를 당했다. 이에 허 씨는 부당하다며 소송을 냈고 서울중앙지법은 해고무효확인 소송에서 허 씨의 손을 들어주었다.

따라서 위의 경우를 참고로 하여 해고의 사유를 알려주는 것보다는 "구조조정 중이다.", "회사 형편이 좋지 않다.", "부서를 재정비하는 중이다." 정도로 에둘러 표현하는 것이 좋다.

가장 좋은 방법은 직원 스스로 나가게 하는 것이다. 이편이 가장 깔끔하고 법적인 문제가 생기지 않는다. 계약직의 경우엔 퇴직금을 조금만 줄 수 있어서 회사 인사팀에서도 선호하는 방식이다.

물론 이 방법은 엄밀히 말하면 직원이 '스스로' 선택하는 방식은 아니다. 사내에서 나갈 수밖에 없는 환경을 조성하는 것이 핵심이다.

직원을 그만두게 하는 방법

— 과도한 업무를 시킨다.

— 이전보다 많은 업무를 할당함에도 불구하고 연봉은 그대로 둔다.

— 해내기 힘든 일, 성공하더라도 별 소득이 없는 프로젝트를 맡긴다.

— 도저히 실현이 불가능한 목표치를 제시한다.

— 능력에 비해 부당한 무시를 자주한다.

— 비합리적인 이유로 혼을 낸다(잠깐 담배를 피우거나 휴식을 취하는 것으

로도 눈치를 준다든지).

— 현재 맡고 있는 중요한 업무들을 다른 직원에게 하나하나 인수인계 시킨다.

— 팀내 혹은 사내에서 왕따를 시킨다.

업무량이 두 배로 늘었는데 급여는 그대로라면 정상적인 사람이라면 불만이 쌓일 수밖에 없다. 이것을 가지고 부하가 불만을 제기한다면 직원의 태도와 무능을 걸고넘어지며 대응해라. 이때, 지적사항을 문서화시켜 놓으면 나중에 큰 문제가 발생했을 때 유리하게 쓸 수 있는 무기가 된다. 이런 불합리한 처사가 계속 쌓이다 보면 해당 직원은 결국 사직서를 제출할 수밖에 없다.

왕따를 만드는 것은 팀 내에서 혹은 사내에서 결속을 강화시킬 수 있는 계기가 된다. 다소 유치하게 보일 수 있지만 왕따(いじめ: 이지메 혹은 집단따돌림)는 사회를 유지시키는 기본적인 원리이다. 본인이 왕따를 당하지 않으려고 다른 사람을 공격하여 왕따로 만든다. 이러한 인간의 내재적 두려움은 회사나 사회에 대한 불만을 잊게 만들고 왕따에게 공격을 집중시키는 결과를 낳는다. 학교가 그렇고, 군대가 그렇다. 이 사회구조 자체가 왕따를 만들어내는 근본적인 토대 위에 설립된 것이다. 문제직원을 불만의 표적으로 삼아 부조리한 회사문제로 생긴 분노를 해소시킬 수 있는 창구로 만드는 것이다(관리자인 당신이 왕따가 되기 전에 팀원 중 한 명을 표적으로 제시하라). 이렇게 해당 직원을 계속 왕따시키면 스스로 나가게 하는 단계까지 이를 수 있다.

'사람이 미래다' D그룹의 회사 청산

'사람이 미래다' 이 모토는 국내중공업 분야의 굴지의 기업에서 TV 광고를 내세우며 홍보한 가치이다. 이렇게 사람의 가치를 중요하게 생각한다는 기업에서 2015년 말에 신입사원을 포함한 대규모 구조조정을 실시했다.

중국 경기가 부진해지면서 건설수요가 줄어들어 건설현장에 투입되는 굴착기의 수요도 줄었다. 따라서 굴착기 제조 및 판매를 전문으로 하는 D사는 일시적으로 위기에 빠졌지만, 회사 자체는 어느 정도 영업이익을 견실하게 창출해내고 있었다. 문제는 다른 곳에 있었다. 그룹사가 과거에 무리하게 진행한 M&A(기업인수합병)가 위기의 원인으로 작용했다. 과도한 은행 돈을 빌려 기업 인수에 나섰던 D그룹은 부채비율이 순식간에 276%까지 뛰어올랐다(일반적으로 부채비율이 200%가 넘으면 구조조정 대상 기업으로 분류된다).

당장 D그룹은 굴착기 사업의 매각을 추진했고, 인수의향이 있는 기업들은 정규직 직원의 수를 줄여주면 인수금액을 조금 올려주겠다고 제시했다. 이른바 대규모 해고전쟁이 시작된 것이었다.

해고진행과정은 참혹했다. 말이 구조조정이지 퇴직대상자가 1년 차인 신입사원을 포함하여 사원·대리급 등 전부 3천여 명에 이른 것으로 뉴스보도가 되었다.

희망퇴직을 거부하는 정규직 직원에 한해서는 특별교육을 이용해서 인권을 침해하기도 했다. 오전 8시에 출근해 휴대전화를 반납한 후 매일 A4 용지 5장 분량의 회고록(?) 작성을 강요받았다. 조퇴, 연·월차 사용은 쓸 수 없었으며 교육시간 동안은 화장실에도 갈 수가 없었다. 그러면서도 사측은 빨리 희망퇴직을 하지 않으면 위로금도 없다며 퇴직만을 재촉하였다. 누가 봐도 무리한 퇴직과정이었지만, 두산그룹 관계자 중 그 누구도 법의 제한을 받지는 않았다.

K통신사의 체계적인 퇴직 메뉴얼

2010년 통신업체로 유명한 K사에서 저성과자 해고방법이 언론의 화제가 된 적이 있다. 이 회사는 불필요한 직원을 내보내는 데 있어서 모욕감과 수치심을 이용하는데, 그 방법이 체계적으로 정리되어 있었다.

먼저, 전국적으로 회사지점이 있다는 것을 이용해서 직원이 원치 않는 먼 지역으로 인사발령을 낸다. 예를 들면, 전화안내원으로 일했던 여성을 울릉도의 전신주 관련 작업에 배치시키는 것이다. 그러면 직원은 거주지를 옮기는 데 애를 먹을 수 있다.

그다음은 원치 않는 생소한 직무에 배치시키는 것이다. 기존의 경험 있는 분야가 아닌 생뚱맞은 업무를 시켜서 저성과자를 만들어 연봉을 삭감하는 방식이다. 울릉도에 배치되었던 이 여성은 높은 전봇대에 오르지 못하자 회사에서 업무지시 불이행과 근무 태만을 사유로 해고를 당했다.

그래도 스스로 사표를 제출하지 않고 버틴다면, 의미 없는 작업을 시키면 된다. K통신사는 희망퇴직을 거부한 퇴출대상자들에게 전봇대의 사진을 찍는 일을 시켰다. 잘못 설치된 전신주를 확인하는 작업이라고는 하지만 크게 의미가 있는 작업은 아니었다.

냉전시기, 소련 수뇌부는 자신들에게 반대하는 세력들을 시베리아의 정치범 수용소로 보내버렸다. 그곳에서 정치범들은 일 년 내내 땅을 파서 거대한 구덩이를 만드는 작업을 하게 됐다. 어느덧 한 해가 지나고 12월 31일이 되면 그들이 만든 커다란 구덩이 앞에서 서로 축하를 하며 작은 파티를 열었다.

파티가 끝나고 이윽고 새해가 밝으면 간수들은 갑자기 정치범들에게 구덩이를 다시 흙으로 채워 넣으라고 지시했다. 정치범들은 일 년 내내 의미가 없는 노동을 하고 있었던 셈이다. 그렇게 1월 1일이 지나면 수용소 내 자살률이 엄청나게 증가한다고 한다. 이렇게 무의미한 노동은 인간의 정신을 피폐하게 만든다.

회사에서 해고당한 직원은 엄청난 배신감으로 압도된다. 회사의 관리자는 자른 직원이 해코지를 하지는 않을까 겁을 내지만, 99%의 경우는 전혀 보복받지 않는다. 군주론의 저자 마키아벨리가 말했듯이, 인간은 사소한 피해에는 기를 쓰고 복수하려 들지만 엄청난 피해에는 감히 보복할 엄두조차 못 내는 동물이기 때문이다.

북한 정권 아래의 백성들이 들고일어나 쿠데타를 하지 못하는 이유도 이와 같은 원리이다. 북한에는 중산층이 없다. 평양의 고위간부가 아니면 다 같이 못사는 피지배계층인 것이다. 사회에 변화가 있으려면 경제적으로나 정신적으로나 자신감이 찬 중산층이 두터워야 한다. 현대자동차의 강성노조가 많은 임금과 좋은 근로환경에도 파업을 연례행사로 치르는 것도 다 이유가 있다.

조선시대 영농법의 개선은 쌀의 생산력을 두 배로 올려놨고 부유한 지주계층을 양산했다. 경제력이 탄탄했던 지주계층은 권력으로 눈을 돌려 정암 조광조(1482~1519) 같은 사림세력으로 변모해 개혁을 이끌었다.

일본도 다르지 않았다. 18세기 일본에서의 대규모 은광 발견은 상인 세력(町人: 죠닌)에게 권력을 주어 훗날 사쓰마번(薩摩藩)과 쵸슈번(長州藩) 지역에서 시작된 메이지유신(明治維新)의 토대가 되었다.

이 장에서 설명하고 있는 기술은 매우 위험한 것이다. 당신은 해고당해 본 적이 있는가? 그런 적이 없었다면 함부로 인간을 해고하지 말라. 해고당한 사람은 평생 그 사실을 잊지 못한다. 관리자로서 문제가 되는 직원을 표적으로 만들기 이전에 그에게 다시 한 번 기회를 주는 호의를 줄 필요가 있다.

정 리

국민을 통제하는 방법은 두 가지가 있다. 첫째는 겁을 주는 것이고, 둘째는 기를 죽이는 것이다.

- 영국 전 노동당 당수, 토니 벤(Tony Benn)

증거서류를 작성해 두어라

회사 안은 덫을 설치해 두고 적이 걸리기만을 기다리고 있는 이른바 '늙은 여우'들이 도사리고 있다. 당신이 잘못하여 이 함정에 걸리기라도 한다면 그들은 당신을 골로 보내 버릴 수 있다. 그런 일을 방지하기 위해서 당신은 업무를 진행할 때마다 자신을 방어하기 위한 각종 서류를 준비해 두어야 한다. **결재서류, 전자결재, E-mail 등 어떠한 형태도 좋으니 책임 소재를 가릴 물증**을 남겨 두어야 한다. 위기가 닥치면 이 서류들은 당신을 지켜줄 수 있는 좋은 방어무기가 될 수 있다.

명품전투기 탄생 비화: F-16 Fighting Falcon

존 보이드(John Boyd)는 미공군 최고의 전투 파일럿 중 한 사람이었다. 6·25전쟁 당시 자유를 수호하기 위해 은빛 세이버기(F-86)를 타고서 공산진영의 미그기들을 격추하는데 혁혁한 공을 세웠고, 전쟁이 끝난 후에는 후배 조종사를 양성시키는 비행교관으로 근무하게 된다. 그의 능력이 탁월한 나머지 적에게 겁을 주어 적이 반격하지 못하게 하는 새로운 공군전술도 개발해 전술교범을 새로 쓰기도 하였다.

F-16 **Fighting Falcon** 전투기

이렇게 그의 탁월한 능력을 워싱턴으로부터 인정받은 보이드 소령은 1966년 버지니아에 있는 국방부(Pentagon: 펜타곤)에 배치되어 차세대 경량전투기 개발 임무를 맡게 된다.

임무를 멋지게 해내리라는 처음 기대와는 달리 이 젊고 유능한 소령은 펜타곤에서 처음부터 난관에 부딪히게 되었다. 돈을 주고도 사지 못할 훌륭한 실전 감각, 최고의 조종사로서 받은 수많은 훈련, 거칠지만 남자다운 성품 등을 두루 갖춘 유능한 그였지만, 국방부는 그가 이해하고 있던 실전과는 조금 다른 분위기를 풍기는 곳이었다.

1960년대 당시의 펜타곤은 각종 정치적 술수, 방산업체의 로비, 장군들끼리의 모함, 헐뜯기 등이 난무하는 진흙탕 싸움터였다. 현장에서 실력을 갈고닦은 전투 조종사가 적응하기는 처음부터 무리가 있는 곳이었다.

당시 공군장성들은 적을 타격할 수 있는 최고의 무기를 만드는 것보다는 방산업체에서 제공하는 뇌물과 향응에 더 관심이 있었다(2000년대 동북아의 어느 나라와 상황이 매우 비슷하다). 방산업체의 배를 불리기 위해서 필요치 않은 기능을 탑재한 많은 신형무기를 사들이고 있었던 것이다.

실전에 필요한 전투기가 어떤 것임을 누구보다도 잘 알고 있었던 보이드 소령에게는 이러한 국방부의 분위기를 예의주시하고 있었다. 그는 사리사욕을 바라는 부패한 정치가 스타일이 아니었다. 오로지 아군의 승리만을 생각하는 합리적인 야전군 사령관 스타일이었다. 많은 방산업체에서 제시하는 쓸모없는 비싼 무기들은 필요 없다는 판단 아래, 애국자로서 그가 맡고 있는 전투기 사업만이라도 최고의 명품무기를 만들겠다는 각오를 하게 된다.

당연히 보이드 소령은 여러 방산업체들의 미움을 샀다. 방산업체들이 팔려고 개발한 값비싼 기술에는 관심을 보이지 않았기 때문이다. 오히려 보이드는 업체에 수익성과는 상관없이 전투기 제작비용을 최소로 할 수 있는 설계를 고집했다.

보이드는 항공공학기술, 조종훈련, 통계학 등에 많은 지식이 있었기 때문에 방산업체들이 그를 쉽게 끌어내릴 수는 없었다. 그래서 대대적인 로비를 통해 그의 업무를 방해하기로 결정하였다. 그간 뒷거래를 통해 주고받기를 해 온 여러 장군들을 이용해 보이드에게 압력을 가하여 프로젝트를 무산시키려고 했던 것이다. 이에 보이드는 자신을 보호해 줄 수 있는 펜타곤 안의 협력자가 필요했다. 그의 강력한 보호막이 되어주었던 사람으로 제임스 슐레진저(James Schlesinger) 국방장관이 있었지만, 그것만으로는 부족했다. 적들의 함정을 교묘히 빠져나갈 무언가의 계책이 필요한 시점이었다.

보이드 소령은 자신의 프로젝트를 지키는 데 결재서류의 장점을 이용하였다. **반대파 장군이 방산업체의 의도에 따른 명령을 내리면 보이드는 반드시 서면 명령을 요구**하였다. 구두로 전한 명령은 나중에 증거가 되지 못하기 때문이다. 증거서류가 남는 것이 두려웠던 여러 장군들은 명령을 거두어들였고, 보이드는 별다른 저항 없이 프로젝트를 성공적으로 완수해 낼 수 있었다. 그리고 그가 개발한 경전투기 F-16 Fighting Falcon은 값싼 제작비와 놀라운 성능 때문에 세계적인 베스트셀러 전투기가 될 수 있었고, 1991년 한국에서도 값비싼 F-18전투기를 물리치고 차세대전투기로 도입되어 현재까지도 영공을 수호하는 데 많은 역할을 해내고 있다.

"구두계약은 개소리다."

위의 말은 한국 최고의 기업인 삼성전자에서 통용되는 이야기이다. **계약서에 직접 사인을 하기 전까지는, 구두로 어떤 이야기가 오고갔건 간에 계약을 믿지 말라**는 소리다.

이처럼 증거서류의 위력을 무시해서는 안 된다. 만약 보이드 소령이 부당한 구두 명령에 대해 증거를 확보하려고 하지 않았다면 명품전투기 F-16은 탄생하지도 못했을 것이다. 그때 왜 그러한 구두 명령을 했느냐고 따진다면 당사자는 그런 명령을 애초에 한 적이 없다고 잡아뗄 것이다.

요즘 같은 사회에서는 상대방을 충분히 믿고 업무를 추진할 수 없다는 데에 많은 회사원들이 동의할 것이다. 부당하고 불리한 명령이나 요구에는 증거자료를 만들어 놓자. 결재서류, 전자결제, E-mail 지시, 서면 요구 등 어떠한 형태도 괜찮다. 업무를 추진함에 있어서 꼼꼼하게 증거데이터를 모아둔다면 추후에 늙은 여우들이 함정을 팔

때 빠져나올 수가 있다. 자신의 실패를 절대 책임지지 않으려는 늙은 여우들은 비대한 관료조직이 만들어 낸 대표적인 폐해이다. 당신은 이에 휘말리지 않도록 주의를 기울이자.

우주비행선 챌린저호의 비극

1986년 1월 28일, 세계인의 관심이 미국 플로리다의 작은 섬, 메리트(Merritt Island)에 집중되어 있었다. 이곳은 케네디우주센터가 위치한 곳으로 우주왕복선 챌린저호(Space Shuttle Challenger)가 발사를 기다리고 있었다. 일곱 명의 우주비행사 중에는 크리스타 매콜리프(Christa McAuliffe)라는 고등학교 과학교사도 포함되어 있어서 대중의 관심은 그 어느 때보다도 뜨거웠다. 물론 매콜리프 선생님이 남당하고 있던 반의 아이들도 TV를 지켜보며 우주에서 시작될 원격과학교실을 기다리고 있었다.

카운트다운이 끝나고 발사가 된 지 73초가 지난 시점. 갑자기 챌린저호의 오른쪽 로켓에 불꽃이 튀면서 우주왕복선 전체가 순식간에 폭발해 버렸다. 탑승한 승무원 전원은 모두 사망했다. 추락으로 인한 금전적 손실만 해도 4,865억 원에 달했다.

사고의 원인으로 오른쪽 SRB로켓에 장착된 부품인 O링(동그란 모양의 고무패킹)에 문제가 있었던 것으로 밝혀졌다. O링이 견디기에는 너무 추웠던 날씨가 문제였다. 고작 100달러 정도밖에 안 되는 작은 부품 때문에 모든 일이 망가졌다.

챌린저호 발사가 있기 나흘 전인 1월 24일, 나사(NASA: National Aeronautics and Space Administaration)의 고위 책임자 로렌스 멀로이(Lawrence

Mulloy)는 점점 마음이 무거워졌다. 이전에 미국의회에 참석해서 우주선이 정해진 일정에 따라 발사될 것이라고 약속을 했지만, 약속과는 달리 이미 세 번이나 발사 연기를 하고 있었기 때문이었다.

시간이 지나 최종 발사일을 28일로 확정한 뒤, 챌린저호의 보조로켓의 납품을 맡은 모튼-티오콜(Morton-Thiokol) 회사에서 긴급히 연락이 왔다. 모튼-티오콜의 엔지니어 밥 런드(Bob Lund)는 최근의 추운 날씨가 보조로켓에 들어가는 O링에 무리를 줘서 안전에 영향이 있을 수 있다고 보고한 것이다. 하지만 멀로이는 근거가 없는 이야기라며 이에 반박했다. 공학적인 측면도 중요하지만, 자신이 처한 관리자의 입장을 강조하며 모튼-티오콜의 프로젝트 담당자인 앨런 맥도날드(Allen McDomald)에게 발사에 찬성하는 결재서류를 요청했다. 하지만 앨런은 끝까지 **발사 동의서류에 서명하기를 거부했다.** 앨런은 하마터면 모튼-티오콜사 창립 이래 최악의 실수를 할 뻔한 셈이었다.

앨런의 선택은 옳았다. O링의 위험성에 대해 알리는 보고서의 내용을 그 무엇도 빠뜨리지 않고 꼼꼼히 보관을 해 왔기 때문에 앨런은 이 초유의 대참사에서 무사할 수 있었다. 이러한 앨런의 꼼꼼한 성격 때문에 이후 열린 청문회에서 모튼-티오콜사는 책임을 회피할 수가 있었다.

치밀한 증거서류의 준비는 나중에 문제가 닥쳤을 때 당신을 지키는 방어막이 될 수 있다. 이는 회사 내의 노련한 늙은 여우들이 결재서류에 도장을 찍는 것을 머뭇거리는 이유이기도 하다. 나중에 자신의 책임으로 돌아올 수 있어서이다. 꼼꼼함이 부족한 한국인의 특성상, 이 책을 읽는 회사원들은 서류기록 보관의 중요성을 늘 상기하고 있어야 한다.

정 리

준비에 실패하는 것은, 실패를 준비하는 것과 같다.

- 벤자민 프랭클린(Benjamin Franklin)

중립(中立)의 위험성

(강력한 두 세력 사이에서 고민할 때)

2016년 초는 한국에게 위기의 시기였다. 북한의 핵탄도미사일 방어를 위한 요격무기인 싸드(THAAD: Terminal High Altitude Area Defense: 종말고고도지역방어체계)의 한국 도입을 두고 미국과 중국이 힘겨루기를 시작한 것이었다.

싸드 배치를 위한 미국의 입장은 기술적인 것이었다. 기존의 패트리엇(PAC-2, PAC-3)미사일로는 북한의 핵미사일에 대한 방어가 부족하기 때문에 싸드를 배치해서 보완해야 한다는 입장이었다. 요격범위가 지표에서 20㎞ 정도로 제한적인 패트리엇과는 달리 싸드는 그것보다 더 높은 100㎞ 상공에서 격추가 가능하기에 한반도 방어를 위해 패트리엇과 싸드 두 가지 시스템을 동시 운용해서 이중방어막을 구축해야 한다는 미국의 생각이었다.

하지만 중국의 생각은 달랐다. 한반도에 배치된 미국의 싸드가 북한을 타겟으로 두는 것이 아니라, 중국의 핵미사일을 겨냥한 방어무기라는 주장을 했다. 중국은 한국의 국방력을 자신들의 관리하에 두고 통제하기를 바라는데, 싸드가 한국에 도입될 경우 자신들이 생각하는 힘의 균형이 깨진다고 생각했기 때문이다. 1978년 개혁개방 이

후 급격히 발전한 경제력은 중국인들로 하여금 자신감을 불어넣어 "도광양회(韜光養晦)[3]를 50년간 유지하라"는 덩샤오핑의 유훈을 잊게 만든 것이다.

2016년, 싸드의 배치를 두고 한국 정부는 전통적 군사혈맹관계인 미국의 편을 들지, 경제적 동반자 관계인 중국의 편을 들지 고민에 빠졌다. 강한 두 세력 간의 다툼 속에 끼인 작은 국가. 어떤 선택을 해야 가장 이로운 결과를 낳을 수 있을지 박근혜 정부의 리더십이 시험에 오늘 순간이었다.

앞 장에서 우리는 원군의 위험성을 강조하면서 자신보다 강한 세력과의 동맹은 파멸을 부른다는 것을 확인했다. 하지만 이 세상에는 싸드 문제처럼 자신보다 강한 두 개의 세력 중 한쪽과 동맹을 해야만 하는 **불가피한 상황**도 있다. 그리고 회사에서도 이와 같이 **강력한 두 파벌 사이에서 어느 편을 들지 아니면 중립을 지킬지** 고민될 때가 있다. 이러한 경우 어떤 스탠스(Stance: 외부의 위협 상황에서 방어를 위해 상대를 대하는 자세)를 취해야 하는지 마키아벨리의 사상을 통해 풀어보자.

강한 세력 사이의 중립은 위험하다

강한 두 세력 사이에서 선택을 강요받는 불가피한 상황(상대가 자신보다 압도적으로 강한 상대가 아니라면 중립을 지키는 것도 나쁘지는 않다)이라면, 중립으로 남아있는 것보다는 자신이 아군인지 적군인지를 명확히 할 필요가 있다.

---

3 도광양회(韜光養晦): 자신의 재능을 밖으로 드러내지 않고 인내하면서 기다린다. 즉, 서양 세력에게 굽히면서 몰래 힘을 비축하여 후일을 도모하겠다는 의미.

두 개의 강한 세력이 서로 맞붙는다면 이 중 한 세력이 승리하게 될 텐데, 중립을 지켰다는 사실만으로는 승자에게 중립의 진정성에 대한 의심을 피할 수는 없을 것이다. 패배한 쪽도 좋게만 보지는 않을 것이다. 결국 어느 쪽이 이기든 피해가 찾아오게 되는 것이다. 따라서 **입장을 명확하게 밝히고 용기 있게 싸우는 쪽이 더 유익하다**(통찰을 통해 어느 편에 서는 것이 더 유리할지 판단할 수 있는 능력을 갖추라).

승리자는 어려웠던 시절 도움을 요청했다가 거절당한 것을 기억할 것이다. 그리고 이러한 박쥐와 같은 상대와 동맹을 맺기를 거부할 것이다. 패배자의 경우도 크게 다르지 않다. 비록 싸움에 져 패배하기는 했지만, 공동의 적과 맞서서 싸우지 않은 당신을 원망하며 그 어떠한 호의도 제공하지 않을 것이다. 단기적인 손실에 집중한 나머지 위험을 피하기 위한 중립은 결국 파멸을 부르는 셈이다.

중립의 폐해가 이렇다면 중립을 포기하고 어느 한쪽 편을 들었을 때의 결과는 어떠할까? 동맹과 함께 싸워 전투에 승리한다면 그 어느 것보다 좋을 수 없을 것이다. 승자는 당신의 도움을 기억하고 이득을 나누어주어야 한다는 의무감을 갖게 될 것이다. 문제는 반대로 동맹과 함께 싸워 패배하는 경우이다. 이와 같은 경우에도 크게 염려할 필요까진 없다. 비록 전투에서는 졌지만 완전히 공중분해 되어 세력을 모두 잃지 않는 한 당신을 돕는 것을 주저하지 않을 것이기 때문이다. 언젠가 당신의 세력이 다시 일어설 수 있도록 끈끈한 전투애로 도와주는 강한 지원군이 될 것이다.

중립을 지켜 키 메이커(Key Maker)**가 될 수 있는 상황**(동남아시아국가연합)

강한 두 세력 사이에서 고민하고 있는 상태이지만, 당신의 세력이 약하지 않고 일정 이상의 비중이 있어 강한 세력조차도 당신을 무시할 수 없는 형국이라면 어떻게 행동해야 할까?

아시아인프라투자은행(AIIB: Asian Infrastructure Investment)은 중국이 제안하여 설립한 국제금융기관이다. 기존에 존재하던 국제통화기금(IMF), 세계은행(World Bank), 아시아개발은행(ADB) 등은 서방 선진국들이 주도하고 있는 문제가 있었다. 때문에 중국은 자신의 힘을 이용하여 이들 국제기구를 대체하는 자신들의 입맛에 맞는 단체를 설립하고자 한 것이었다.

AIIB는 중국이 주도적인 역할을 하며 창립회원국 50여 개를 모아 출범시켰지만, 중국은 승자가 될 수 없었다. 회원국마다 일정 투자금액을 내놓아 지분율을 확보하여 투표권을 행사할 수 있는 권리가 주어졌는데, 중국이나 한국 같은 경제 강국들이 아무리 같은 편인 회원국들의 표를 모아도 45% 정도의 표밖에 얻을 수 없어 의결을 위한 과반수에는 조금 미치지 못했기 때문이다.

AIIB의 실질 권한은 이상하게도 8.88%의 지분밖에 얻지 못한 동남아시아국가들(아세안연합: ASEAN)로 넘어갔다. 인프라 문제에 있어서 투자를 결정할 때, 의견이 갈리는 강국들이 각자가 45% 정도의 투표권을 모아서 서로 대립하고 있을 때, 아세안 국가들이 어느 쪽의 손을 들어주느냐에 따라서 투자 결정이 바뀔 수 있는 상황이 온 것이다. **힘이 약한 아세안 국가들이 전투의 승패를 좌우하는 키 메이커가 된 것이다.**

이는 과거 중국의 삼국시대에 위(魏)나라와 오(吳)나라 사이에 껴서 가장 적은 힘으로 주도권을 펼쳤던 촉(蜀)나라의 형세와 비슷하다. 다리가 세 개 달린 솥밭은 어느 쪽으로도 넘어지지 않는다. 촉나라라는 세력이 솥밭의 한 귀퉁이를 담당해 승패가 위나 오로 넘어가지 않게 하는 기능을 하며 주도권을 얻게 된 것이었다.

어느 정도의 세를 과시했던 촉나라는 위와 오나라가 격돌할 때 어느 한편을 들기도 하였지만 **절대 위나 오 중에서 한 나라가 멸망에 이르기까지는 두지 않았다.** 현명한 사람이라면 양쪽의 싸움을 부추기되 어느 한쪽이 완패하여 사라지지 않게 하는 법이다. 위나 오 둘 중 **어느 한쪽이 완벽하게 몰락하는 순간** 촉나라는 키 메이커의 지위에서 내려와 한 명의 절대 강자 아래의 **속국이 되어 버리기 때문**이다.

중립을 지키는 자세에서 한 가지 주의해야 할 점이 있다. 아세안 국가들은 8.88%라는 투표권을 확보하였다. 이는 중국같이 큰 세력도 결코 무시할 수는 없는 수치라는 것에 맹점이 있다. 즉, 중요한 것은 아세안 국가들도 **자체적인 역량을 어느 정도 확보해 놓았기에 키 메이커가 될 수 있는 자격이 부여된 것이었지, 역량도 미천하면서 함부로 아세안 국가들을 따라하면 안 된다는 것**이다.

대표적인 예로 실패한 정책인 '동북아균형자론'이 있다. 미국과 중국 사이에서 한국이 끼어들어 중립을 지키며 상대세력 간의 균형을 꾀한다는 이론이다. 결론적으로 국익에 관한 사안들에서 두 강대국 중 한쪽의 편을 그때그때 유리한 쪽으로 골라드는 AIIB의 아세안 국가들과 같은 역할을 한다는 것이다. 이는 한국의 국력을 생각해볼 때 이는 말도 안 되는 정책일뿐더러 키 메이커는 커녕 두 강대국의 노여움을 사서 몰락하는 경우가 대부분이다. 이렇게 힘이 매우 약할 경우에는 두 세력 간에 어정쩡한 태도를 보이지 말고 한쪽 편을 드는 것이 훨씬 유리하다(우리보다 국력이 강한 일본의 경우에도 이를 잘 활용하여 무조건 미국의 편을 드는 외교전략을 고수하고 있다).

회사 내 강력한 두 파벌의 싸움에서 방관하며 무조건 중립을 취하는 것은 당신에게 좋지 않다. 자신의 역량을 정확히 파악하고 키 메이커가 될지, 어느 한쪽의 영원한 동맹이 될지를 결정해야 한다. 그렇지 않는다면 당신의 능력이 뛰어나더라도 회사는 당신을 알아주지 않을 것이고, 종국에는 사직서를 작성하는 당신의 모습을 보게 될 것이다.

정 리

결국 중요한 것은 자신의 세력이다. 자기 자신의 힘을 정확히 측정해서 회사의 키 메이커가 되어 보자.

제 3 부

기술

이 책의 본문은 크게 '전략'과 '기술' 부문으로 나누어 썼습니다. '기술'에서는 행동과학적 기법을 통해 회사에서 살아남는 잔꾀를 길러봅시다.

'A', B, C
(원하는 방안을 맨 처음 제시하라)

상황 1 회사 내에 문제가 발생했다! 이 문제를 해결하는 위해 성격 안 좋기로 유명한 당신의 팀장은 당신에게 해결책을 여러 가지 찾아서 PPT로 보고하라고 한다.

당신의 속내 문뜩 떠오르는 방안(A, B, C)들이 여러 가지 있으나, 한 가지 A 방안이 강하게 끌린다. A 방안이야말로 당신이 가장 잘 알고 있고, 자신 있게 추진할 수 있기 때문이다. A 방안을 실행했을 때 성공하면 자신이 가장 많은 이익을 얻고, 실패하더라도 별 타격을 입지 않는다.

팀장의 생각 A, B, C 방안을 제시받았을 때, A 방안을 특별하게 생각하고 있지 않다. A, B, C 어느 방안도 모두 괜찮은 방안이라 팀장이 어느 것이라도 채택할 확률은 서로 같다고 가정하자. 어떻게 하면 당신은 팀장을 A 방안으로 이끌 수 있겠는가?

답부터 얘기하면 PPT를 구성할 때, **A 방안을 제일 먼저 제시**하는 것이 좋다. PPT를 A, B, C(또는 A, C, B)의 순서로 구성하는 것이다. 심리학에서는 제시하는 순서에 따라 인간의 생각을 변화시킬 수 있다고 한다. 이를 '초두(Primacy)효과'라고 한다. A 방안을 팀장에게 좋은 첫인상으로 잘 심어 주기만 하면, A 방안이 팀장의 두뇌 속에 확고히 자리 잡아, 뒤이어 제시되는 B, C 방안을 팀장이 받아들이는 데 방해 효과를 줄 수 있다.

상황 2 같은 문제가 발생했다. 팀장은 당신이 여러 가지 방안을 찾아서 PPT 보고를 하되, 하나하나의 방안을 각각의 회의를 열어서 검토하자고 한다.

이번 상황은 좀 다르다. A, B, C 방안을 한 회의에서 모두 발표하는 것이 아니라, A에 대한 회의, B에 대한 회의, C에 대한 회의를 각각 나누어서 보고해 넉넉한 시간을 가지고 검토하자는 것이다. 그리고 각각의 회의는 충분한 시간 간격을 두고 열리게 된다.

상황 2의 경우에는 원하는 A 방안을 맨 처음 제시한다 해도 그 효과는 미미해진다. A에 대한 회의를 마치고 나서 장시간의 시간적 여유가 있기 때문에, A 방안에 대한 망각이 이루어진다. 오히려 맨 마지막에 제시한 C 방안의 채택이 유리해진다. 그러므로 이럴 경우에는 원하는 **A 방안을 제일 마지막에 제시**해야 한다. 심리학에서는 이를 '최신(recency)효과'라고 한다.

밀러(Miller, N.)와 캠벨(Campbell, D.T.) 교수는 실험으로 초두효과와 최신효과를 증명하였다. 판결하기가 애매모호한 모의재판을 만들어 양쪽의 주장을 배심원단에게 들려준 후 판결을 하게 하였는데, 한쪽의 주장을 제시한 후 다른 주장을 제시하기 전 일정한 휴식시간을 두었다. 그리고 판결이 나오면 배심원단을 교체하고 이번엔 휴식시간의 길이를 달리하여 여러 번 재판을 반복하였다. 배심원단은 휴식시간이 짧으면 처음 주장한 쪽의 편을 들었고, 휴식시간이 길어질수록 두 번째로 주장한 쪽의 편을 들었다.

여러 방안들 중에서 특출 난 방안 한두 개가 있으면 어느 곳에 배치하든지 돋보이게 마련이다. 하지만 제시의 순서를 통해 어느 정도 효과를 가감시킬 수 있다. 물론, 이 실험은 서로 비등비등한 방안들 사이에서는 효과가 극대화된다.

정 리

원하는 방안(3~5가지)을 제시하는 순서에 있어,
— 한꺼번에 모든 방안들을 제시할 때는 맨 처음으로
— 여러 방안들을 각각 시간차를 두고 검토할 때는 맨 마지막으로 배치하라!

당신의 팀장은 이미 속고 있다.

거짓말 알아차리는 법 1
(눈동자와 연결 질문)

미국 드라마, '멘탈리스트(The Mentalist)'를 보면 주인공 패트릭 제인(Patrick Jane)이 나온다. 그에게는 타인의 심리를 분석할 수 있는 타고난 능력이 있어서 다른 사람의 생각을 기가 막히게 꿰뚫어 볼 수 있다. 뛰어난 관찰력으로 사람들의 표정을 읽어내 거짓말 여부를 기가 막히게 판단하는 것이다. 패트릭은 자신의 기술을 악용하여 사람들을 속이며 돈을 벌다가, 자신의 아내가 연쇄살인범에 의해 살해당하는 것이 계기가 되어 경찰을 도와 범인을 찾는 경찰심리자문이 된다.

만약 당신도 심리학의 대가가 되어 상대의 능수능란한 거짓말을 알아챌 능력이 생긴다면 어떠할까? 아마 당신의 성공에 큰 도움이 될 것이다. 상대의 표정, 목소리, 몸짓 등을 정확히 파악해서 거짓말 여부를 가려내 당신이 함정에 빠지거나 사기를 당하는 일이 없게 하는 것이다. 이번 장을 섭렵해 FBI의 심리자문이었던 패트릭 제인처럼 다른 사람의 거짓말을 간파해내는 능력을 키워보자. 함정이 난무하는 회사에서 생존하는 데 큰 도움이 될 것이다.

눈동자의 움직임을 주시하라(시선을 돌리는 방향)

거짓말을 판별하기 위해서 경찰에서는 거짓말탐지기(Polygraph)를 이용한다. 사람의 맥박, 혈압, 호흡, 땀 등을 측정하여 거짓말을 알아차리는 것이다. 하지만 당신이 이 기계를 상대에게 직접 장착하여 사용할 수는 없는 노릇이기에 간단한 관찰만으로도 거짓말을 70~80%의 확률로 알아차릴 수 있는 방법을 알아보도록 하자.

일단 **상대에게 질문을 해 보자**. 질문은 과거의 기억을 묻는 질문일 때 효과가 배가 된다. 그리고 답을 하는 상대의 시선을 지켜보자. 경우에 따라 눈을 똑바로 맞추면서 대답하는 경우도 더러 있겠지만, 많은 경우에 질문에 대한 답을 생각하느라 시선을 왼쪽이나 오른쪽으로 돌려 잠시 생각했다가 답을 할 것이다. **이 상황에서 상대가 왼쪽으로 시선을 돌렸다가 답을 하면 거짓말일 확률이 높고, 오른쪽으로 시선을 돌렸다가 답을 하면 진실일 확률이 높다**(왼쪽, 오른쪽은 상대의 눈동자를 관찰하는 사람 기준으로 함).

인간의 두뇌는 좌뇌와 우뇌로 나누어져 있고, 각각의 뇌는 저마다 담당하는 역할이 구분되어 있다. 일단, 우뇌는 두개골 내의 위치와는 반대로 우리 몸의 왼쪽(좌반신)과 연결되어 있다. 우뇌는 과거의 기억을 더듬는 역할을 담당한다. 따라서 상대의 시선이 우뇌가 관장하는 왼쪽(관찰하는 사람 기준으로 오른쪽)을 향한다면 과거의 기억, 즉 진실을

시각적 거짓말을 지어낼때
청각적 거짓말을 지어낼때
근육의 긴장을 지각낼때

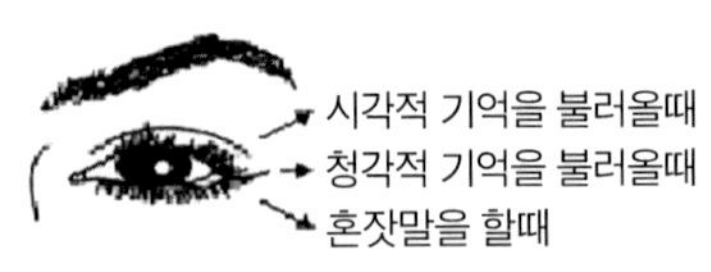

눈동자의 방향에 따른 두뇌활동 판별법

생각했을 확률이 높다.

좌뇌는 역으로 우리 몸의 오른쪽 부분(우반신)과 연결되어 있고, 대상을 구조화하는 역할을 맡고 있다. 따라서 시선이 좌뇌가 관장하는 오른쪽(관찰하는 사람 기준으로 왼쪽)으로 향한다면 가짜를 구조화하며 새로 꾸며내고 있다는 의미이다. 즉, 거짓말을 새로 만들고 있는 것이다.

이 방법은 거짓말을 탐지하는 가장 단순한 방법이지만 약간의 오류가 있다. 일단, 상대의 습관에 따라 시선의 방향이 한쪽으로만 치우쳐 있을 확률이 있다. 무조건 생각을 하려면 시선이 좌뇌 우뇌의 기능과는 상관없이 습관적으로 한쪽으로만 가는 것이다. 이러한 경우에는 위의 방법이 통하지 않는다.

또 다른 오류로는 거짓말의 특성을 들 수 있다. 상대가 거짓말을 할 때 질문에 대해 **즉흥적으로 지어낸 것이라면 시선의 방향으로 거짓말 여부를 알 수 있다. 하지만 그 거짓말이 사전에 준비되어 있었고, 거짓말을 하기 위해 외워둔 상태였다면 이야기는 달라진다.**

외워둔 거짓말을 되뇌이며 좌뇌를 사용할 수도 있는 것이다. 그렇다면 거짓말임에도 불구하고 오른쪽으로 시선을 돌릴 것이다. 따라서 질문에 대해 답을 시킬 때, 질문이 즉흥적이어서 답을 미리 준비할 수 없는 경우에 거짓말 탐지 효과가 배가 된다.

질문에 연결고리를 만들어라(연속된 질문)

이번에는 시선의 방향처럼 아주 간편한 방법이 아닌, 약간의 노력이 필요한 방법이다. 경찰에서 주로 쓰이는 수사기법 중 하나로, 거짓말쟁이로 의심되는 상대에게 **한 가지 사안에 관한 여러 많은 질문들을 연달아 하는 것**이다. 이때 상대가 충분히 생각할 시간을 얻을 수 없게, 질문과 질문 사이에 뜸을 들이지 않고 빠르게 물어봐야 한다.

사람은 거짓말을 한 번 하게 되면, 했던 거짓말의 논리를 지키기 위해 더 많은 거짓말을 연달아 해야 하는 수고로움이 필요하게 된다. 따라서 거짓말을 한 후 연달아 이어지는 관련 질문에 또 다른 거짓말을 할 수밖에 없고, 결국에는 거짓말을 한 사람 자신도 이전에 **어떤 거짓말들을 했는지 다 기억하지 못하게 되는 함정**에 빠지게 된다.

이것이 바로 진실이 가진 힘이다. 진실만을 이용하는 사람은 위와 같은 걱정을 할 필요가 없으므로 많은 질문에 당당히 답할 수 있다. 거짓말을 하는 것으로 의심되는 사람에게 관련된 질문을 무수히 쏟아 내보자. 이내 논리의 허점을 찾을 수 있을 것이다.

200년 전 철학자인 쇼펜하우어(Arthur Schopenhauer)는 진실의 힘을 잘 알고 있었다. 쇼펜하우어는 다음과 같이 말했었다.

> "상대가 거짓말을 하고 있다고 생각되면 그가 하는 말을 모두 믿는 것처럼 가장해라. 그러면 신이 난 상대방은 거짓말을 계속 해나갈 것이다. 이야기가 흘러가면 점점 더 대담한 거짓말을 할 것이고, 결국에는 스스로 무너질 것이다."

경찰에서는 이 방법을 '트로이목마 방법'이라고 부른다. 트로이목마 방법이란 경찰이 범죄자를 신뢰하는 척을 하며 대화를 많이 유도하는 것이다. 이러면 용의자들은 자신의 범죄가 발각되지 않으리라는 생각에 많은 실언을 하게 되고 결국 거짓말을 스스로 드러내게 된다.

SSAT(Samsung Aptitude Test) 같은 대기업 입사시험에서도 같은 전략을 취한다. 본인의 적성 및 성향을 묻는 질문(예: 나는 과학을 좋아하는가? 또는 나는 내성적인 성향인가? 등) 수백 개를 제시하고 수험자는 제한된 시간 내에 풀어야 하는 것이다. 시간이 매우 촉박하기 때문에 수험자는 신중한 생각 없이 몇 초 만에 질문에 대한 답을 해야 한다. 이 과정에서 거짓말을 할 여유는 없다. 만약, 거짓말로 과학을 좋아하지도 않는 데 좋아한다고 체크하면, 일정 간격을 두고 뒤이어 나오는 비슷한 질문에서는 앞서 기입한 거짓말을 잊어버리게 되고 앞선 답과는 반대되는 입장을 취할 수 있다(질문이 수백 개가 넘기 때문에 모든 질문에 대한 답을 기억할 수는 없다). 과학을 좋아하느냐는 YES or No 질문들에 일관된 답안을 작성하지 않으면 인사부에서는 수험자를 정직한 사람이 아닌 것으로 판단을 하고 낮은 점수를 부여할 것이다.

리처드 닉슨(Richard Nixon)은 미국의 제37대 대통령이었다. 1972년 그는 백악관의 요원들을 상대편인 민주당 전국위원회가 입주해 있는 워터게이트 빌딩으로 침투시켜 정보를 빼돌리려고 시도했다. 운이 없게도 요원들은 민주당 측 사람들에게 붙잡히게 되었고, 닉슨은 이 사실을 몰랐다고 부인하게 된다. 하지만 이 작은 거짓말로 현직 대통령인 그를 사임까지 이르게 할 수는 없었다.

닉슨의 불운은 그다음에 찾아왔다. 닉슨은 워터게이트 침입사건을 사전에 몰랐다는 거짓말을 하고 나서 논리를 지키기 위해 또 다른 거짓말들을 연달아 하게 되었는데, 여기서 허점을 보이게 된다. 결국 그는 미국 역사상 사임한 최초의 대통령이 되어 버린 것이다.

거짓말쟁이는 상황이 바뀌게 되면 말을 바꾸어야 하는 수고로움을 들여야만 한다. 새로운 질문을 받았을 때는 새로운 거짓말을 논리에 맞게 생각해내야 하고, 즉흥적으로 만들어 낸 이 거짓말을 또 기억해 두어야만 한다. 이 점을 유의해서 거짓말쟁이를 파악해 보자. 당신을 노리는 음모들에서 벗어날 수 있을 것이다.

정 리

한마디의 거짓말을 진실처럼 하려면 항상 일곱 가지의 거짓말을 필요로 한다.

— 마틴 루터(Martin Luther)

거짓말 알아차리는 법 2
(반응속도)

우리는 회사 내에서 매일 거짓말을 탐지하기 위해 수많은 노력을 기울인다. 당신이 영업인이라면 상대가 제품을 살 마음이 없는 데도 괜찮다며 어물쩍 거짓말로 넘어가고 있지는 않은지 간파해야 하고, 반대로 구매 부서에 종사하고 있는 사람이라면 영업사원이 제품의 품질에 대해 과장하고 있지는 않나 눈여겨보아야 한다. 만약 당신이 은행원이라면 대출을 원하는 고객이 실제로 빚을 갚을 수 없는데도 갚을 수 있다며 거짓말을 하는지 알아봐야 할 것이다. 그리고 때론 신입사원이나 경력사원을 뽑기 위한 면접에서 지원자가 거짓말을 하고 있지는 않은지 면접관으로서 거짓말을 잡아내야 할 때도 있을 것이며, 이와는 반대로 지원자로서 면접관을 속여야만 하는 경우도 있을 것이다.

이렇듯 우리는 성공을 위해 거짓말을 능수능란하게 해야 하고, 또 역으로 그 거짓말을 정확히 집어낼 줄도 알아야 하는 험난한 세상에서 살고 있다. 만약 어떤 사람이 거짓말을 정확히 탐지할 수 있는 기계를 만들어 낸다면 그 사람은 엄청난 성공을 할 수 있을 것이다.

거짓말을 판별해내고 싶은 인간의 욕망은 1921년 미국의 법의학자 존 라슨(John Larson)으로 하여금 '거짓말탐지기(Polygraph)'를 개발하도록 하였다. 대상자의 맥박, 혈압, 호흡, 발한 등 신경계통의 기능을 측정하여 거짓말을 판별하는 장치를 만든 것이다. 그러나 신뢰도가 그렇게 높지 않은 것이 큰 단점이다. 게다가 거짓말쟁이가 거짓말탐지기의 작동원리를 이해하게 되면 자유롭게 속이는 것도 충분히 가능하다. 그래서 미국에서는 겨우 70% 정도의 정확도가 있다고 여겨지고, 거짓말탐지기가 정황 증거로만 기능을 할 뿐이지 법적으로 100% 확실한 근거로는 채택되지 않고 있는 상황이다.

질문에 대한 반응속도를 살펴라

예상치 못한 갑작스러운 질문은 사람을 당혹스럽게 만든다. 그러한 당혹스러운 상황 앞에 두뇌는 거짓말을 생성하여 상황을 모면한다. 그러면 우리는 완벽한 거짓말을 꾸며냄으로써 위험을 피했다고 생각할 수 있지만, 여기에는 우리의 두뇌가 놓친 한 가지 범죄 증거가 남아있다. 그것은 '반응속도'라는 것이다.

거짓말은 고도의 사고가 필요한 복잡한 두뇌활동을 필요로 한다. 자칫 어설픈 거짓말을 했다가는 들통나기 쉽기 때문에 논리적인 정황에 맞추어 낼 필요가 있는 것이다. 그러한 고도의 사고는 전두엽을 활성화시켜야만 하는데 이는 우리 몸속에서 긴 사고전달체계를 이용하게 된다. 상대방이 한 질문들 듣고 나서 받아들여지는 전기신호가 척수와 시상하부를 지나 전두엽에서 정보가 처리된 후 다시 거짓말을 하라는 명령을 전기신호로 척수로 보내주는 것이다. **즉, 거짓말을 하려면 질문에 대한 반응속도가 길어지게 된다**.

반면 거짓말이 필요 없는 경우에는 굳이 전두엽을 깊이 사용할 필

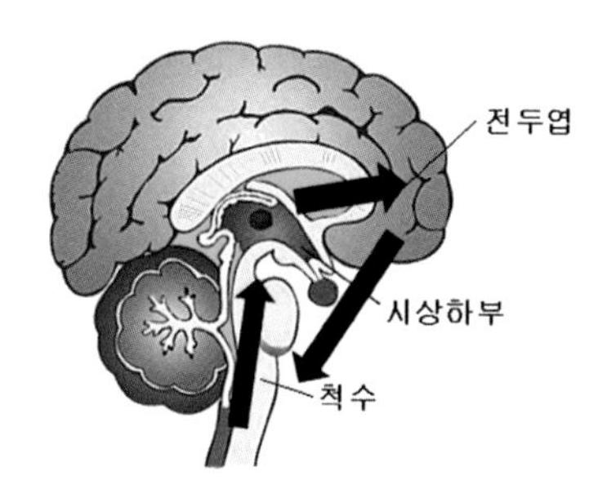

거짓말을 할 때의 두뇌 반응경로

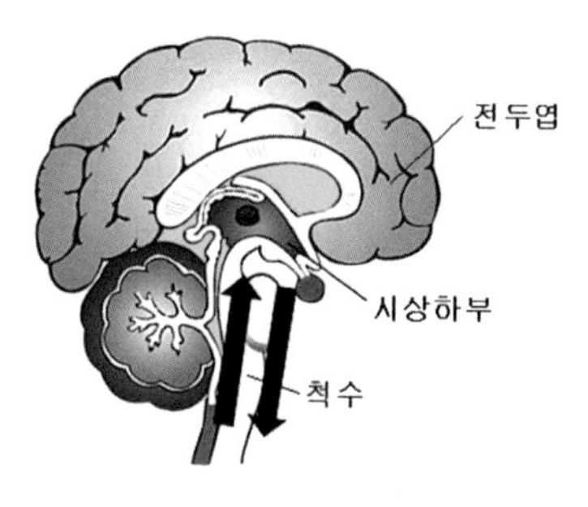

평상시의 두뇌 반응경로

요가 없기 때문에 명령체계는 척수와 시상하부 정도만 통과하게 되어 빠른 답변이 나오게 된다.

반응속도를 두고 거짓말을 다룰 때 한 가지 주의해야 할 점이 있다. 그것은 질문을 교묘하게 준비해야만 한다는 것이다. 복잡한 사고를 요하는 질문은 거짓말을 하지 않더라도 전두엽을 사용하게 되므로 반응속도가 길어지게 마련이다. 따라서 **질문은 평소에 물어 볼 수 있는 사소한 것이어야만 한다**.

거짓말을 하는 사람은 늘 시험의 무대에 오르게 된다. 어떠한 경우에는 거짓말을 준비할 시간적 여유가 채 주어지지 않는 경우도 있다. 상대의 질문을 모두 예상해 놓아서 일일이 반응할 만큼 인간은 영리하지 못하기 때문이다. 이러한 거짓말쟁이의 약점을 최대한 이용하기 위해서는 평소에 물을 수 있는 사소한 질문을 불시에 그리고 신속하게 할 수 있어야 한다. 이러한 공격은 거짓말쟁이를 혼란에 빠뜨려 범죄증거를 흘리게 만들 수 있다. 거짓말쟁이는 대답을 하기에 앞서 잠깐 혼자만의 생각에 빠진 모습을 보여주거나, 미간을 모으며 필요 없는 과도한 제스처를 할 수도 있다. 사소한 질문에 대해서 거짓말을 꾸며내기 위해 전두엽을 사용하고 있다는 증거다.

사소한 질문으로는 다음과 같은 것들이 해당된다. "어제, 누구 만났었어(상대편 세력과 교류를 하는 것으로 의심될 때)?", "○○씨(자신의 라이벌 세력)에게 최근에 연락한 적 있어?", "지금 컴퓨터로 무슨 서류(목적이 의심되는 서류)를 작업하는 중이야?", "그 결재서류(목적이 의심되는 서류)에 어떤 내용을 넣은 거야?"

위의 질문들은 생각 없이 바로 대답할 수 있는 간단한 것들이다. 이러한 질문에 상대가 바로 답변하지 못하고 신중한 자세로 임한다면 어떤 거짓말을 할지 고르고 있는 중이라고 생각하라. 신중하게 답변한다고 해서 무조건 거짓말을 한다고는 할 수 없지만, 이러한 간단한 질문에서조차 반응속도가 느려지게 된다면 거짓말일 확률이 매우 높다.

정 리

> 가장 완벽한 재능은 세상 사람들 앞에서 증거를 남기지 않는 것이다.
>
> — 라 로슈푸코(François de La Rochefoucauld)

거짓말 알아차리는 법 3

(상대의 제스처에 주목하라)

사람은 말하고자 하는 내용을 설명할 때, 적절한 제스처를 함으로써 상대의 이해를 돕는다. 언어적인 방법으로만은 무언가를 설명하기 힘들 때, 말과 함께 보조적으로 비언어적인 도움을 이용하는 것이다. 그러면 좀 더 효과적인 의사전달에 도움을 줄 수 있어서 말하고자 하는 바를 잘 전달할 수 있다.

제스처(손짓)의 사용빈도에 주목하라

한 가지 재미있는 사실은 **거짓말을 하는 사람은 평상시보다 제스처를 적게 사용**하는 경향이 있다는 것이다. 논리적인 대화를 위해 할 말을 신중히 생각(즉, 거짓말을 꾸미는 것)하는 사람은 복잡한 생각을 처리하는 기관인 전두엽을 과도하게 사용하게 된다. 전두엽을 많이 이용하게 되면 반무의식적인 움직임인 제스처의 사용빈도가 확연히 줄어들게 된다. 두뇌에서 완벽한 거짓말을 위해 언어적인 문제에만 집중하여 제스처 같은 몸짓에는 잠시 주의를 두지 못하는 것이다.

제스처를 이용하는 것은 후천적으로 학습된 것이다. 따라서 제스처는 문화적 출신배경이나 개인별로 사용빈도가 심하다. 상대가 평소 대화를 할 때 제스처를 얼마나 많이 사용하는가에 대해 미리 알고 있어야 거짓말을 판별할 수 있다. 원래 제스처를 과도하게 사용하는 사람은 거짓말을 할 때에도 습관적으로 제스처를 많이 사용할 수 있기 때문이다.

제스처는 사람이 느끼는 감정 상태에 의해서도 큰 영향을 받는다. 제스처의 사용빈도는 말하는 사람이 분노, 흥분, 두려움을 느낄 때 많이 사용된다. 반대로 감정을 느끼지 않거나 슬플 때는 제스처의 사용빈도가 줄어든다. 따라서 열정적인 대화를 하고 있음에도(슬픈 상황이 아닌데도) 평소 제스처를 많이 사용하던 사람이 제스처를 전혀 사용하지 않는다면 상대가 거짓말을 하고 있다는 것을 알아챌 수 있다.

하지만 제스처 사용횟수를 줄인다고 해서 무조건 거짓말을 하고 있는 것은 아니다. 대화를 하면서 신중한 생각이나, 까다로운 예의를 요하는 답변을 할 때는 거짓말을 하지 않더라도 제스처의 사용빈도가 줄어들 수 있다. 거짓말을 논리적으로 꾸며내기 위해서가 아니라 복잡한 질문에 대한 답을 생각하느라 전두엽을 사용하고 있는 중일 수 있기 때문이다.

불편함을 나타내는 동작

영화 '공공의 적' 초반 부분에서는 부유한 노부부가 살해당한 채 발견된다. 곧이어 수사에 착수한 형사 강철중은 노부부의 아들을 경찰서로 불러 조사하는 과정에서 이상한 낌새를 챈다. 침착하게 말하고 있던 아들이 진술 도중에 다리를 떨고 있는 것이었다. 이를 수상하게 여긴 강철중은 아들을 집중 수사하게 되고 마침내 그를 살인혐의로 체포하게 된다.

'공공의 적'에서 용의자가 다리를 떠는 행위는 **자신의 불안감을 무의식적으로 나타내는 행위**이다. 우리는 불안감을 느끼면 다리를 떠는 것 이외에 코, 머리카락, 팔, 다리 등을 만지거나 손가락을 계속 매만질 수도 있다.

실례로, 모니카 르윈스키(Monica Lewinsky)와의 불륜 스캔들에 휘말렸던 미국 전 대통령 클린턴(Bill Clinton)은 탄핵청문회에서 자꾸 코를 만지는 모습을 보여주었다.

하지만 이러한 불안함을 표현하는 무의식적인 움직임은 반드시 거짓말을 하고 있다는 증거는 되지 못한다. 거짓말을 해야 해서 불안감을 느낄 수도 있지만, 낯선 환경이나 처음 본 사람과 대화를 하는 경우에도 불안감을 느낄 수 있기 때문이다. 공공의 적에서 나온 노부부의 아들도 경찰서라는 낯선 환경 때문에 다리를 떨었을 수도 있다. 그리고 거짓말쟁이들은 자신의 불편함을 표현하면 의심받기 쉽기 때문에 이와 같은 행동들을 의식적으로 자제할 가능성도 있다. 따라서 이러한 경우에는 다음과 같은 해석법으로 거짓말을 탐지할 수 있다.

평소 습관적으로 불안함을 표현하는 무의식적인 행동을 하지 않던 사람이 낯선 환경에 있거나 처음 보는 사람이 아닌 익숙한 사람들과 있는데도 자꾸 불안감을 표시하면 거짓말로 의심해 볼 수 있는 것이다.

불안함을 표현하는 무의식적인 행동의 발생과 중단으로도 거짓말을 판단할 수도 있다. 다리를 떠는 등의 행동이 나타나고 사라지고를 반복한다면 거짓말을 하고 있다고 충분히 의심해 볼 가치가 있는 것이다. 거짓말을 하고 있는 사람은 의식적으로 불안한 행동을 억제하려 하지만 이내 곧 잊어버리고 무의식적으로 불안한 행동을 보여주게 된다. 그리고 다시 의식이 돌아오고 사라지는 행위들이 반복되어 나타나는 것이다. 따라서 상대가 불편함의 표현을 간헐적으로 나타날 때 거짓말을 의심해 보라.

정 리

볼 수 있는 눈이 있고, 들을 수 있는 귀가 있는 사람이라면 누구도 비밀을 유지할 수 없다. 입술이 침묵한다 해도 손가락이 말해 줄 것이다. 비밀은 온몸에서 새어 나간다.

— 지그문트 프로이드(Sigmund Freud)

거짓말하기
(감정절제와 표정관리)

누군가를 의심한다는 것은 때론 자기 자신을 파멸로 인도한다. 셰익스피어가 저술한 『오셀로(The Tragedy of Othello, the Moor of Venice)』에는 검은 피부의 오셀로가 나온다. 무어인(북아프리카사람)인 오셀로는 이탈리아에서 외국인이었지만, 실력을 인정받아 높은 장군의 지위에 오르고 아름다운 귀족 출신 데스데모나를 아내로 맞는다. 잦은 승진으로 승승장구하던 그는 권력욕이 너무 강했던 나머지 친구 이아고의 질투를 사게 되고, 이아고는 오셀로를 무너뜨리고자 음모를 꾸민다. 데스데모나가 몰래 바람을 피운다는 이아고의 교묘한 거짓말을 들은 오셀로는 아내를 믿을 수 없게 되고, 결국 자신이 사랑하는 데스데모나를 죽이고, 자신도 자살하게 된다. 그리고 훗날 정신의학계에서 배우자의 부정을 의심하는 정신병은 '오셀로 증후군'이라는 이름을 얻는다.

오셀로의 비극처럼 거짓말에 속아 넘어가는 사람은 큰 피해를 입게 된다. 반대로 그럴듯한 거짓말을 하는 사람은 이득을 얻게 된다. 앞선 장에서는 상대의 거짓말을 파악하는 방법을 배웠다면, 이번 장에서는 그럴듯한 거짓말을 하는 방법을 배워보자. 훗날 당신의 성공에 큰 도움이 될 것이다.

감정에 의한 목소리 변화

거짓말을 하는 사람은 자신의 거짓말을 감추기 위해서 단어의 선택에 심혈을 기울인다. 거짓말을 했을 때 논리에 맞는지 따져보아야 은폐된 진실을 상대방에게 감출 수 있기 때문이다. 하지만, 거짓말쟁이들이 자주 놓치고 있는 한 가지가 있다. **거짓말을 할 때 목소리나 표정을 중요하게 생각**하지 않는 것이다.

거짓말을 할 때 사람은 감정이 들어가게 된다. 거짓말을 들킬 수 있다는 두려움, 말실수를 할 수 있다는 생각, 상대를 속이기 위해 표정관리를 완벽히 해야 한다는 걱정 등이 우리로 하여금 거짓말을 할 때 어색한 느낌을 자아내게 만든다. 즉, 전문적인 교육을 받은 배우가 아닌 이상 몸으로 느껴지는 특별한 신호를 일부러 숨기기는 매우 어렵다. 우리는 감정을 수동적으로 느낄 뿐이다.

진실을 얘기하든, 거짓을 얘기하든, 이야기를 할 때 감정을 과도하게 표현하여 흥분하면 거짓말을 하는 것처럼 보인다. 따라서 거짓말을 하고 싶을 때는 **감정을 최대한 절제하고, 냉정히 일정한 목소리 톤으로 말을 하는 것**이 상대방에게 더 신뢰를 주게 된다. 사람들은 대개 침착한 사람의 말이 사실이라고 믿는 경향이 있다(진실이든 거짓이든 설득을 하려면 감정을 최대한 숨기고 냉정하고 침착하게 말해 보자). 참고로 사이코패스와 소시오패스는 자유자재로 감정을 숨길 수 있으니 더욱 조심해야 한다. 뒷장에서 사이코패스와 소시오패스 관련 내용을 참고해 보자.

일본의 속담 중에는 '거짓말을 백 번 하면 진실이 된다'라는 말이 있다. 감정을 조절하기가 어렵다면 이 속담처럼 **자신의 거짓말을 마치 실제인 것처럼 스스로 믿어 버리는 것**도 도움이 된다. 마치 다른 사람의 이야기처럼 말하는 것이다. 그러면 상대에게 거짓말을 한다는 인상을 최대한 주지 않을 수 있다. 심리학에서는 이것을 '자기기만'이라고 한다. 스스로 자신의 거짓말을 진실로 믿어 버리는 것이다. 자신의 이야기지만 거짓말을 할 때는 마치 다른 사람의 이야기를 하는 것처럼 느끼기 때문에 자기 자신은 놀라지도 분노하지도 않을 것이다.

사람들은 두려움이나 분노, 흥분을 느끼게 되면 말의 속도가 빨라지고 목소리 톤은 올라가게 된다. 반대로 우울하거나 슬플 때는 말의 속도가 느려지고 목소리 톤은 낮아진다. 이러한 감정의 변화는 숨기기가 쉽지 않기 때문에, 사람들은 흔히 이러한 **상대의 감정변화를 통해 거짓말 여부를 가리려 하는 실수**를 범한다.

목소리 톤의 변화나 속도 차이는 거짓말을 탐지할 수 있는 증거가 아니다. 진실을 말할 때도 상대방이 진실을 믿어주지 않을까 봐 두려움, 분노, 슬픔 등을 충분히 느낄 수 있기 때문이다. 굳이 거짓말쟁이만 거짓말을 할 때 감정적으로 흥분하지 않는다. 진실을 이야기할 때도 같은 감정을 충분히 받을 수 있다.

정 리

다른 사람에게 거짓말을 많이 하다 보면 자신에게도 거짓말을 하게 된다.

— 라 로슈푸코(François de La Rochefoucauld)

우리 팀장은 이 사안에 대해서 얼마나 알고 있는가(팀장의 지식수준에 따라 달리 대응하라)

상황 1 어떤 사안에 관해서 진행을 추진하기 위해서 나는 팀장을 반드시 설득시켜야 한다. 이 사안이 가진 장점 때문에 추진하고자 하지만, 단점 또한 만만치 않다. 장점과 단점으로 인해 딱히 결정을 내리기 쉽지 않은 사안에서 당신은 팀장의 허락을 구해야 한다. 어떻게 하면 쉽게 설득할 수 있을까?

당신의 속내 장점과 단점을 동시에 지닌 이 사안. 이번 계획을 추진하게 된다면 나는 많은 이익을 얻을 수 있다. 하지만 단점이 있기 때문에 팀장이 쉽게 허락할 것 같지 않다.

팀장이 이번 사안에 대해 잘 알고 있는 경우라면 이 사안의 장·단점을 숨길 이유가 없다. **장점뿐만 아니라 단점까지 모두 세세히 조사하여 보고**하라. 장점과 단점 모두 분석하면 식견이 높고 객관적인 사람으로 보인다. 팀장이 이번 사안에 대해 이모저모를 잘 알고 있기 때문에 당신을 장점에만 치우치지 않은 직관력이 있는 사람이라고 판단할 것이다. 평소에 당신을 탐탁지 않게 생각하고 있는 팀장이라면, 정직하게 단점도 부각하는 당신의 모습을 긍정적으로 평가할 것이다.

하지만 만약 **팀장이 이 분야에 전문가가 아니라서 잘 모르는 상황**이라면 어떨까? 이럴 경우에는 이번 사안에 대해 **장점 위주로 보고**하라. 팀장이 사전지식이 없기 때문에 장점과 단점 모두 알게 된다면 이번 사안의 추진 여부에 대해 갈등하게 되기 때문이다.

팀장의 사전지식 보유 여부와 비슷하게 사안에 관한 팀장의 사전태도도 결정에 영향을 미친다. 이미 이 사안에 대해 긍정적으로 평가하는 팀장일 경우에는 장점 위주로 부각시켜라. 반대로, 팀장이 부정적으로 생각하는 경우에는, 장·단점 모두를 객관적으로 보고하라.

사전태도에 대해서 설득에 영향을 미치는 효과는 인터넷 정치커뮤니티에서 확인해 볼 수 있다. 우파 경향이 강한 댓글에서는 우익정치논리의 정당성만을 이야기하고 좌파의 생각은 터무니없는 것이라고 무시하며 우익의 결집을 꾀한다. 반면, 좌파 경향의 댓글은 우익논리의 단점만 부각시키며 비판하고 좌파들끼리 서로 공감한다. 하지만 막상 두 세력이 정식 토론의 자리에서 만나면 상대방을 공격하는 데만 집중하지 않고, 중립적인 일반대중 설득을 위해 사안의 장·단점을 소상하게 분석하는 태도를 보인다.

정 리

통과시키고 싶은 사안에 있어 팀장이 잘 알고 있다면,
— 장·단점을 모두 충실히 보고하라.
팀장이 잘 모르는 사안을 통과시키고 싶다면,
— 장점 위주의 보고를 하라.
프로젝드가 실패하길 바란다면,
— 장점만 보고하고 일정 시간차를 두고 단점에 대해 보고하라

당신의 팀장은 이미 설득당했다.

너무 긍정적인 정보만 제공하지 말라
(영업편)

우리는 설득하고자 하는 상대의 사전지식 보유 여부에 따라, 긍정적인 정보만 제공할지, 부정적인 정보도 함께 제공할지에 관해 알아봤다(일반적인 경우엔 부정적인 보고도 함께해야 유리했었다). 이번 장은 긍정적 정보만을 고객에게 너무 많이 제공했을 때(특히 영업분야에서) 나타나는 부작용에 관한 이야기다.

예일 대학의 헤일만(Heilman M.E) 교수는 이에 관해 한 가지 흥미로운 실험을 진행했다. 난해한 정치적인 사안에 대한 서명운동을 가장한 부스를 만들어 놓고 무작위의 88명의 고등학생에게 서명을 부탁했다. 사안 자체가 고등학생들에게는 어려운 내용이었기 때문에 학생들은 서명을 할지, 안 할지 고민에 빠졌다. 이때, 정치적으로 반대파인 사람들이 몰려와 서명을 하지 말라고 압력을 가했다. 이때 서명을 하지 말라는 방해가 많으면 많을수록 학생들은 반대파들의 압박에도 불구하고 잘 모르는 사안에 서명을 해 버리고 만다. 이 사안이 정확히 어떤 내용인지는 이해하지 못했지만, 다른 사람들이 자신에게 부당한 영향력을 행사하려 한다고 느꼈기 때문이다.

인간은 천성적으로 의구심이 강한 존재이다. 무조건 듣기 좋은 말만 너무 많이 하게 된다면 오히려 역효과가 난다. 오히려 나쁜 소리를 하는 것이 신뢰를 사는 경우도 있는 것이다. 그러므로 영업에 있어서 누군가를 설득시켜야 한다면, 제품을 구매함으로써 상대가 얻게 되는 이득만을 과장하여 설득하지 않는 것이 좋다. 구매 시 납득할 수 있는 **합리적인 이익을 얻을 수 있고, 그 안에는 약간의 나쁜 점도 있다고 설득**하라. 특히, 상대가 당신에게 불신감을 갖고 있으면(대부분의 당신의 직장상사가 그럴 것이다) 마이너스 정보를 제공하는 당신에게 신뢰감을 보일 것이다.

자동차 영업사원의 비결

당신은 오래된 차 한 대를 소유하고 있다. 새 차를 구입하려는 생각에 자동차 판매대리점에 갔다. 그곳의 영업사원은 당신이 타고 온 차를 보고, 차가 연식이 오래되어 상태가 좋지 않으니 어서 신차를 구입하라고 재촉한다. 문자 그대로만 놓고 보면, 낡은 차의 상태가 좋지 않으니 차를 바꾸라는 이야기는 합리적인 조언이다. 이성적으로 흠이 없는 완벽한 조언이지만 설득력은 떨어진다. 영업사원이 한 말은 차를 한 대라도 더 팔려는 의도가 강하게 느껴지고 오히려 역효과를 낼 수 있기 때문이다.

이번엔 다른 영업사원의 말을 들어보자.

“차 관리를 정말 잘하셨네요. 조금만 고치면 몇 년은 더 사용하실 수 있습니다.”

자동차를 많이 판매해야만 하는 영업사원 입장에서는 불리한 내용이다. 하지만 낡은 차를 오랫동안 몰고 다닌 사람으로서는 정든 차를 좋게 봐주는 이 영업사원에게 당신은 호감을 느낄 가능성이 있다. 자신에게 불리한 내용일지라도 솔직하게 알려주는 모습을 보여주었기 때문이다. 그래서 후자의 영업사원이 신차를 판매할 가능성이 훨씬 높아진다.

설득을 함에 있어서 장점과 단점 어느 정보만 제공하는 것이 옳은가에 대한 답을 찾기 위해 맥과이어(J. Mcguire) 뉴욕주립대 심리학 교수는 학생들을 상대로 한 가지 실험을 진행했다.

한쪽 학생 그룹에게 구강건강을 위해 이를 매일 닦아야 한다는 긍정적인 정보만 제시하였다. 반면, 다른 학생 그룹에는 이를 매일 닦아야 한다는 긍정적인 정보뿐만 아니라, 이를 너무 많이 닦으면 에나멜층이 상해서 오히려 건강이 나빠질 수 있다는 부정적인 정보도 함께 제시하였다. 이에 두 그룹의 대부분의 학생이 이를 닦아야 한다는 사실에 찬성하였다.

이틀 후, 맥과이어 교수는 학생들에게 이를 자주 닦으면 안 된다는 반론을 들려주고 학생들의 의견을 물었다. 그랬더니 부정적인 정보도 이미 알고 있었던 학생들은 자기 입장을 계속 고수한 반면, 긍정적인 정보만 알고 있었던 학생들은 간단히 자신의 입장을 바꾸었다.

마찬가지로 위의 실험을 회사 내에서도 역이용할 수 있다. 마음에 들지 않는 사안의 진행을 일부러 방해하여 중단시키고 싶다면, 팀장에게 **장점만 먼저 보고한 뒤, 충분한 시간이 지난 후 단점을 집중 부각**하라. 팀장은 나중에 보고된 단점만을 강하게 인식할 것이다.

정 리

인간은 결코 이성적이지 못한 존재임을 잊지 말자. 합리적인 권유가 오히려 설득력은 떨어질 수 있다.

상사에게 예쁨받기

(비슷하게 행동하라)

사람을 상대하다 보면 어느새 나도 모르게 그 사람의 행동이나 말투, 동작 등을 무심코 따라 할 때가 있다. 의식하지 않고 특정 대상의 흉내나 모방을 하는 행위는, 평소 그 사람을 존경하거나 호감을 품을 때 자연스럽게 발현된다. 그리고 인간은 **자신과 비슷한 행동, 말투, 동작을 하는 사람을 무의식적으로 신뢰**하게 된다. 현대심리학에서는 이를 '거울효과(Mirroring effect)'라고 부른다.

사람의 두뇌 안에는 거울신경세포(Mirror neuron)가 있는데, 이 세포들은 다른 사람의 행위를 인식하고 공감하는 기능을 하고 있다. 바로 이 거울신경세포 때문에 우리는 거울효과에 지배당하고 있는 것이다.

누군가에게 호감을 사고 싶다면, 그 사람의 행동, 말투, 동작을 따라 해 보자. 함께 대화하고 있을 때 그가 턱을 괴고 있다면, 당신도 똑같이 턱에 손을 대어보라. 상대는 무의식적인 친숙함을 느낄 것이다. 언어로 직접 표현하지는 않지만 행동으로서 호감을 표현하는 것이다. 반대로 누군가에게 적대감을 표시하고 싶으면 반대로 비슷한 행동을 하지 않으면 된다.

거울효과의 활용 예

— 상대의 말투나 표정을 따라 한다.

— 상대가 말한 것을 반복한다.

(예) 상대: 강아지를 좋아합니다. 나: 강아지를 좋아하시는군요.

— 상대가 음료를 마시면, 나도 똑같이 마신다.

— 상대가 기뻐하거나 슬퍼할 때, 같은 감정표현을 해 준다.

— 상대가 고민하고 있을 때, 같이 고민한다.

— 상대가 자료를 넘겨주면, 역시 자신도 준비한 자료를 동시에 건네준다.

— 상대가 앉은 자세를 따라 같은 자세로 앉는다.

— 상대가 손으로 팔짱을 끼면 따라서 팔짱을 껴라.

위의 방법을 너무 노골적으로 흉내를 낸다면 역효과를 낼 수 있으니, 상대가 무의식적으로 받아들일 수 있게 자연스러운 연기가 필요하다. 아니면 이를 역으로 활용해 보자. 정반대의 행동을 조금 섞어서 보여주면 상대가 더 강한 신뢰감과 호감을 느끼게 되는데, 이는 '보완거울효과'라고 부른다. 너무 똑같은 행동보다는 때때로 조금 다른 행동을 보여줘야 효과가 더 극대화된다.

말투, 행동, 몸짓 외에도 사람은 글, SNS, 메신저, 인터뷰, 블로그, 홈페이지 등에 흔적을 남긴다. 인간은 글을 표현도구로 이용하며, 자신의 생각, 주장, 심리상태 등을 반영한다. 일부는 의도적으로 거짓을 기술 할 수 있지만, 전체적으로는 숨길 수 없는 자신만의 무언가를 남겨둘 수밖에 없다.

미국 CIA는 페이스북 같은 SNS가 발달하자 쾌재를 불렀다고 한다. 테러리스트와 같은 표적 대상의 정보를 얻으려면, 과거에는 휴민트(Hunint: 정보원 등 인적 네트워크를 활용하여 얻은 정보)에 의존할 수밖에 없었는데, 요즘에는 SNS의 발달로 흔적 찾기가 너무 쉽다는 것이다.

당신이 목표로 하고 있는 직장상사의 정보를 수집하고, 그가 생각하는 방향이나 목표 등을 캐치해 내라. 당신이 그의 생각을 따라 한다면 좋은 결과가 있을 것이다.

정 리

당신의 야망을 숨기고, 상대의 정보를 수집하라.

진심으로 웃어주기
(표정관리)

성공적인 사회생활을 위해서는 감정을 숨기고 얼굴 표정을 연기할 줄 알아야 한다. 하지만 표정이란 게 참 묘하다. 같은 웃는 얼굴이라도 자칫 잘못하면 비웃는 표정이나, 난처한 웃음 등을 지으면 오히려 역효과가 날 때도 있으니 주의해야 한다. 거울을 보면서 웃는 표정을 연습해야 하는데, 우리는 어떤 표정이 진심으로 웃는 표정인지 잘 모른다. 자칫 우리는 잘못된 연습을 통해 가식적인 웃음을 지어 상대방에게 불쾌함을 줄 수 있다.

샌프란시스코 의대 심리학 교수, 폴 에크먼(Paul Ekman)은 전 세계 여러 민족들을 대상으로 여러 감정에 따른 얼굴 표정을 조사하였다. 그 결과, 동일한 감정을 느낄 때, 인종이나 문화권의 차이에 상관없이 동일한 표정을 짓는 것을 확인할 수 있었다. 표정은 전 인류에게 보편적인 것임을 증명한 셈이다(즉, 진심으로 웃는 표정은 전 세계 공통으로 효과를 발휘한다).

한 가지 재미있는 사실은, 얼굴에는 약 80여 개의 근육이 있으며, 인류는 1만 가지가 넘는 표정을 지을 수 있다는 것이다. 이 수많은 표정들 속에서 그냥 웃는 얼굴이 아닌, 진정으로 웃는 표정은 어떤 것일까?

입만 웃지 말고, 눈으로도 웃어라

프랑스의 신경학자 뒤센 드블로뉴(Duchenne de Boulogne)는 의도적인 웃음과 진정한 웃음을 구분해냈다. 웃음을 지을 때는 큰광대근(광대뼈와 입 주위에 걸친 근육으로 웃을 때, 입꼬리를 들어 올린다)과 눈둘레근(눈을 둘러싼 근육)이 반응한다. 한 가지 흥미로운 사실은 가짜 웃음은 큰광대근만 사용하는 데 반해, 진짜 웃음은 큰광대근과 눈둘레근 둘 다 사용한다는 것이다.

큰광대근은 의지에 따라 수축과 이완이 자유로운데, 눈둘레근은 진짜로 즐거울 때만 수축한다. 따라서 거짓으로 웃음을 지을 때는 의지와 상관없이 영혼에만 반응하는 눈둘레근은 움직일 수 없다. 실제로, 사이가 좋은 부부는 눈 주위를 움직여 웃지만, 서로에게 문제가 있는 부부는 입꼬리만 움직여 웃는다고 한다.

상대에게 진정한 웃음을 보여주기 위해서는 눈둘레근을 수축시켜야 한다. 이 근육은 대부분의 사람은 의지로 수축시킬 수 없으므로, 배우들의 방식을 배우자. 배우들은 진정한 웃음을 연기할 때, 과거에 행복했었던 기억을 떠올려 눈둘레근을 움직인다.

미소 짓는 일처럼 당신이 주의해야 할 점이 또 있다. 그것은 당신의 분노를 조절하는 것이다. 감정이 통제가 안 되면 당신의 성공에 큰 장애가 된다. 분노를 드러냄으로써 얻는 심리적 해소감보다 잃는 것이 훨씬 많기 때문이다.

화를 냄으로써 이성을 잃고 감정적인 대응을 하게 되면, 결국엔 무의미하게 적의 수만 늘리게 된다. 당신이 꼭 굴복시켜야만 하는 적이 있다면 분노를 분출시키는 것보다는 오히려 그에게 친구인 척 다가가서 간접적인 방식으로 공격하는 편이 유리하다.

화 다스리기

인간의 뇌는 얼굴 근육들과 연결되어 있다. 뇌에서 행복감을 느끼면 얼굴 근육이 반응하여 웃는 표정을 짓는다. 그런데 한 가지 흥미로운 사실은 반대방향의 감정전달도 가능하다는 것이다. 이유 없이 웃는 표정을 지으면, 뇌에서 거꾸로 행복감을 느끼는 것이다.

위의 원리를 이용하면 화를 참는 데 도움을 줄 수 있다. 화가 나는 순간 무표정한 얼굴을 해서 뇌에 냉정을 되찾으라는 신호를 보내는 것이다. 심리학적으로 이 기술은 매우 어려운 편에 속하지만, 계속 연습하면 마음을 조금이라도 완화시키는데 도움을 줄 수 있다.

분노를 조절하지 못하고 폭발시키는 사람은 후에 후회할 말을 내뱉거나 해서 후회할 가능성이 있다. 상대방의 도발에 넘어가는 경우라면 이는 함정에 빠지는 것이다. 표정변화를 인위적으로 고쳐서 상대방의 의도에 휘말리지 않는 방어가 필요하다.

제1차 세계대전 당시의 독일군에서는 병영 내에서 특별한 규칙이 있었다. 장군이든 일개 병사든 어떤 불평불만이 있어도 그 자리에서 쏟아낼 수 없다는 것이었다. 무조건 참으며 다음날 냉정을 되찾고 정신을 가다듬어 다시 논의해야 했다. 조급하고 불필요하게 화를 내어 모든 일을 망치지 않는 것이다.

순간적인 화는 사람의 분노를 일으켜 하지 말아야 할 말이나 행동으로 다른 사람의 자존감을 필요 이상으로 해칠 수 있다. 하루 기다리는 독일군의 지혜로 냉철하고 이성적인 판단을 할 수 있도록 해야 한다.

정 리

진정한 웃음은 좋은 관계뿐만 아니라 당신의 건강과 행복감에도 좋은 영향을 미친다.

목표대상이 스스로 노력하게 하라

(노력정당화 효과)

누군가에게 무엇인가를 설득하여 믿게 만드는 것은 매우 어려운 작업이다. 인간은 늘 자유롭게 사고하는 존재라서 타인의 명령이나 권위에 맞서기 때문이다. 따라서 설득의 과정은 조금 더 교묘해야 한다.

설득을 하는데 부조화의 개념을 이용하면 상대방을 쉽게 설득할 수 있다. 인간은 자신의 신념, 가치관, 태도에 따라서 행동을 한다. 만약 자신의 생각과 다른 행동을 하려고 하면 심한 부조화를 느끼게 되고, 이는 곧 불안과 혼란을 야기하게 된다. 때문에 인간은 스스로 생각하기에 **잘못된 행동을 할 수밖에 없으면 자신의 신념을 바꾸는 쪽으로 움직인다.**

사람들은 실수로 잘못된 결정을 내렸을 때에도, 자신의 행동이 옳다고 생각을 바꾸기도 한다(실수로 인한 행동을 하기 전과 후의 신념이 바뀌는 것이다). 때로는, 자신의 결정이 옳았다는 것을 증명하기 위해서 자신의 생각과 일치하는 근거들을 애써 만들기도 한다.

중공군의 미군포로세뇌

6·25전쟁 당시 많은 미군들이 공산군에 포로가 되었다. 북한군은

정보를 얻기 위해 미군들을 가혹하게 고문했지만, 성과는 지지부진했다. 미군들의 신념을 굴복시키는 것은 여간 어려운 일이 아니었기 때문이다. 이에 북한과 같은 공산군 진영에 참전하여 싸웠던 중공군은 조금 다른 방식을 미군에게 적용한다. 심리적으로 미군을 혼란시킬 수 있는 '유화정책'이 바로 그것이다.

중공군은 작은 것부터 접근했다. 미군들에게 공산주의의 우수성에 관한 글짓기 대회를 연 것이다. 상으로 쌀 한 봉지나 담배 몇 갑 같은 작은 보상이 주어졌다. 거짓말을 조금 써 내려가면 간식거리를 얻을 수 있었기 때문에 많은 미군들이 대회에 참가했다.

문제는 그다음부터였다. 우수작으로 수상된 포로들의 작품들이 포로수용소 전체에 방송되어 버린 것이었다. 전장에서는 커다란 스피커를 이용해 공산군과 대치하고 있던 미군부대 방향으로 방송을 했다. 순간 글짓기에 참가했던 포로들이 미국의 배반자가 되어 버렸다(**제3자에게 자신의 거짓 신념이 들통나게 되면 설득의 효과는 배가 된다**).

그러자 놀라운 변화가 일어났다. 심심풀이로 식량 조금을 얻어 보겠다는 생각으로 거짓 작문을 했던 포로들이 그들의 신념을 바꿔 공산주의 찬양자가 되어 버린 것이었다. 물론, '미국이 공산주의 사회가 되어야 한다' 등의 과격한 사상까지는 아니었지만, '진보된 서구세계에서는 공산주의가 적합하지 않지만, 아시아에서는 충분히 미래가 있는 이념이다' 정도로 생각을 바꾼 것이다.

한번 작은 일로 중공군에 협력한 동조자들은 조금씩 더 강하게 공산주의에 동조하기 시작했다. 자유진영의 군사정보를 누설하기도 하였고, 미군포로들의 탈출 계획을 폭로하기도 하였다(북한군이 운영하는 미군포로수용소에서는 상상도 할 수 없는 일이었다). 중공군은 얼마 되지도 않는 간식 몇 개를 이용하여 성공적으로 미군을 세뇌시킨 것이었다.

대학에 입학하고 나서 동아리 등에 가입하는 학생들은 관례적으로 신고식을 하게 된다. 신고식으로 많은 양의 술을 마셔야 하거나 창피한 춤을 추게 된다. 그런데 놀라운 사실은 이 신고식의 수위가 강하면 강할수록 소속된 구성원들의 단합 또한 강하다는 것이다.

사람들은 자신이 소속되어 있는 집단에 들어가기 힘들수록 소속에 대한 애착을 갖는다. 일단 본인 스스로 가입하기 위해서 어려운 시험(학교), 높은 경쟁률(회사, 해병대), 신고식(동아리, 단체) 등을 노력을 통해 얻어 냈기 때문이다. 심리학에서는 이를 '노력정당화 효과'라고 부른다. 이런 노력정당화 효과를 통해서 포로수용소의 미군들도 자신들이 일단 스스로의 노력을 통해 공산주의를 찬양하는 작문을 썼기 때문에 공산주의에 동의하게 되어 버린 것이다.

보상으로 주어지는 상품에 의해서도 설득의 효과는 달라진다. 만약 중공군이 미군포로들에게 쌀이나 담배 같은 시시한 보상 말고 거대한 보상으로 유혹했다면 설득이 성공적이었을까? 페스팅거와 칼스미스의 실험을 통해 알아보자.

페스팅거(Festinger)와 칼스미스(Carlsmith)의 실타래

1959년 심리학자 페스팅거와 칼스미스는 심리실험을 기획한다. 실험참가자들은 금전적으로 보상을 받고 다른 사람들에게 거짓말을 해야만 했다. 실타래를 감았다, 풀었다를 반복하는, 누가 보더라도 재미없는 지루한 작업을 재밌는 작업이니 어서 해 보라고 처음 본 사람들에게 거짓말을 해야 하는 실험이었다. 거짓말을 한 대가로 한 집단에게는 20달러라는 거금이 주어졌고, 다른 집단에는 1달러밖에 주어지지 않았다.

실험이 끝난 후 참가자들은 실타래 놀이에 대해 실제로는 어떻게 생각하느냐고 물어보았다. 보상으로 20달러를 받은 참가자들은 실타래 작업이 사실은 재미가 없는 작업이라며 진실을 이야기했다. 20달러라는 거금을 얻기 위해 거짓말을 해야 하는 목적이 있었기 때문에 실험에서 자신이 거짓말을 했다는 사실을 인정했다.

재미있는 결과는 1달러를 얻은 참가자들로부터 나왔다. 이 참가자들은 실타래 작업이 재미있는 작업이라며 갑자기 태도를 바꿨다. 지루하기 짝이 없는 실 감기를 재미있는 작업으로 인식해 버린 것이었다. 1달러라는 푼돈으로 자신이 거짓말을 했다는 양심의 가책을 받느니 실타래 작업은 재미있는 것이라고 생각을 바꾸어 버린 것이다.

6·25의 미군포로들의 경우도 같았다. 그들에게 글짓기 대회의 상품으로 어마어마한 보상이 주어졌다면, 공산주의에 대한 적대감을 바꾸지 않았을 것이다. 많은 이익을 얻기 위해 잠시 공산주의에 찬성하는 거짓말을 한다는 명분이 있었기 때문이다. 미군들은 보잘것없는 담배 몇 개비나 쌀 한 봉지를 받았기 때문에, 거꾸로 명분을 맞추기 위해 자신의 사상 자체를 바꾸어 양심의 가책을 해소했다.

노력정당화 효과는 회사 내에서도 충분히 적용될 수 있다. 회사에서 충성심이 부족한 직원들에게 애사심을 심어주기 위해서 사내 글짓기를 개최하고 얼마 안 되는 소소한 상품을 줄 수도 있다. 아니면 대상을 고객으로 바꾸어, 회사제품의 우수성에 대한 글짓기 또는

SNS 댓글달기를 통해 고객들의 마음을 조종할 수도 있을 것이다.

정 리

이 장에서 설명하는 심리학적 기법은 사이비 교주나 무당같이 악마 같은 사람들이 사용하는 방법이다. 이 글을 읽는 사람은 이를 충분히 인지하고 긍정적인 방법으로만 사용하길 바랄 뿐이다.

레이블을 붙여라

(꼬리표 사용법)

당신은 살아남기 위해, 혹은 승진하기 위해 회사 사람들이든, 고객이든 끊임없이 설득을 해 나가야 한다. 그러나 누군가를 설득한다는 것은 여간 어려운 일이 아니다. 사람은 단순히 명령을 받는다고 행동을 고치는 존재가 아니기 때문이다. 외부적 압력을 가하면 행동에 변화를 보일 수는 있지만, 얼마 지나지 않아 원래의 습성대로 돌아가게 된다. 이렇게 청개구리 같은 인간들을 교묘히 설득하려면 그들의 행동에 대한 내부적인 책임을 만들어 **자발적으로 원해서 행동하게 만들어야 한다**.

이 장에서는 회사 사람들의 행동이나 생각을 교묘히 조작하는 법을 배워보도록 하자. 일단 사람을 설득시켜서 바꾸어 나가는 방법은 앞에서 말했듯이 매우 어려운 일이다. 이 책을 읽는 사람이라면 모두 직장상사로서 부하직원을 효과적으로 다루지는 못한 경험이 있을 것이다. 윗사람은커녕 아랫사람 하나 명령으로써 제대로 컨트롤 하지 못하는 것이다.

계급상의 차이가 있는 사람들끼리는 설득의 효과가 별로 없다. 그것은 설득이 아니라 지루한 설교이다. 설득은 갑을관계가 뚜렷하지 않은 동등한 위치의 사람들끼리 효과적으로 일어난다.

그렇다면 회사 내 신분이 다른 사람들을 설득할 수 있는 비법은 없을까? 레이블(Label) 전략을 사용해서 다른 사람의 생각을 조종해 보자. 레이블이란 이름 등을 적어서 물체에 붙일 수 있는 스티커를 뜻한다. 생각의 변화를 유도하고 싶은 대상에게 레이블스티커를 붙여 행동의 변화를 붙이는 것이다. 즉, 설득의 대상에게 "이렇게 해야 한다"라는 식의 명령(혹은 부탁)보다는 "당신은 이러이러한 사람입니다"라는 라벨을 붙이는 것이다.

쓰레기는 휴지통에 버리는 '착한' 초등학생 만들기

노스웨스턴 대학의 리처드 밀러(Richard L. Miller) 박사는 시카고의 초등학교 5학년생들을 대상으로 심리실험을 진행했다. 한 교실의 학생들에게는 '휴지를 함부로 버리지 않는 깨끗한 아이들'이라고 칭찬을 해 주었고, 다른 교실의 학생들에게는 단순히 쓰레기를 버리지 말라고 명령을 하였다.

결과는 극명하게 갈렸다. 깨끗한 어린이라는 레이블을 붙여준 학급에서는 80%의 학생들이 휴지통에 쓰레기를 버렸다. 하지만 단순히 명령만 받은 학생들은 45%만 휴지통을 이용하였다.

흑인은 공부를 못해요

편견은 레이블 효과의 대표적인 예이다. 백인들은 흑인이 지능적으로 열등하다는 편견을 공공연하게 가지고 있다. 너희들은 지능이 낮은 존재라는 레이블을 흑인에게 붙여놓은 것이다. 그리고 이러한 레이블은 거꾸로 흑인들이 실제로 공부에 집중하지 못하게 만든다.

1995년 스탠퍼드 대학의 스틸(Claude Steele) 교수는 흑인과 백인 학생을 대상으로 어려운 GRE(Graduate Record Examination) 문제를 풀게 했다. 스틸 교수는 시험을 실시하기에 앞서 학생들을 두 그룹으로 나누었다. 그리고 한 그룹에는 학생들의 지적능력을 테스트할 것이라고 말했고, 다른 그룹에는 GRE 문제가 잘 만들어졌는지 확인하는데 성적을 참고할 뿐이라고 말했다.

백인 학생의 경우에는 두 그룹 모두 성적이 균일하게 나왔다. GRE 시험의 목적에 상관없이 같은 수준의 역량을 보여준 것이었다. 하지만 흑인 학생의 경우는 달랐다. 시험으로 지적능력을 테스트한다고 했을 때, 부담감을 느껴 백인의 절반밖에 안 되는 점수를 얻은 것이었다. 반대로 GRE 문제가 잘 만들어졌는지 테스트하기 위해서라는 설명을 들은 흑인 학생들은 백인과 비슷한 점수를 받았다. 사회적으로 흑인에게 붙여진 열등이라는 레이블이 시험 성적에 영향을 미친 것이다.

회사 내에서도 레이블 효과는 유효하다. 가령 지각을 자주하는 부하직원에게는 '약속 시간을 잘 지키는 사람'이라는 말을 평소에 자주 해 주자. 그러면 부하직원은 스스로 성실한 사람이라는 세뇌를 받게 되어 지각을 할 확률이 적어진다.

포악한 직장상사에게는 '우리 부장님은 부하에게 그런 행동을 할 만큼 잔인한 분은 아니셔'라고 다른 사람이 지켜보는 앞에서 여러 번 반복하여 말해 보자. 상사는 부하직원을 사랑하는 따뜻한 마음을 지닌 천사라고 자신을 포장할 것이다. 그리고 부하에게 함부로 하는 행동을 바꿀 가능성이 있다.

교육에 있어서도 위와 같은 원칙은 유효하다. 공부를 귀찮아하는 자녀가 있다면, "우리 아이는 공부하길 좋아해"라는 말을 자녀가 보는 앞에서 다른 사람들에게 해 보자. 자녀는 자연스럽게 부모의 기대에 부응할 것이다.

우리는 타인이 낙인을 찍은 대로 연기를 하는 배우 같은 존재이다. 간단히 이러이러한 사람이라는 레이블을 붙여주는 것만으로도 인간의 행동이 변화된다는 것을 잊지 말자. 회식자리에서 주기적으로 '당신은 이런 사람이다'라는 레이블을 주위 사람들에게 붙여보자. 회사는 당신의 뜻대로 움직일 것이다.

정 리

누군가에게 무언가를 하도록 만드는 데는 오직 한 가지 방법밖에 없다. 상대방이 그것을 하고 싶도록 만드는 것 외에는 다른 대안이 없다는 말이다.

— 데일 카네기

사이코패스와 소시오패스 분별법

사이코패스(Psychopath)와 소시오패스(Sociopath)는 반사회적성격장애의 일종으로, 주변 사람들에게 큰 악영향을 준다. 캐나다의 범죄심리학자 로버트 헤어 박사에 따르면 사이코패스는 전체 인구의 약 1%를 차지한다. 그리고 소시오패스는 미국 보건후생성 자료에 의하면 약 4%를 차지한다. 결론부터 먼저 말하면, **위험한 반사회적성격장애를 지닌 사람들이 우리 주위에 5%나 존재**한다는 것이다. 이번 장에서는 사이코패스와 소시오패스의 특징을 알아보고, 회사 내에 이런 분류의 사람들이 없는지 찾아보고 경계하자.

소년연쇄살해범 — 사카키바라세이토 사건

1997년 일본 고베시(神戸市)에서는 엽기적인 아동살해사건이 연속해서 일어나 지역경찰서에서는 비상이 걸렸다. 이른바 사카키바라세이토(酒鬼薔薇聖斗)라고 불리는 사건이었다. 짧은 기간 내에 총 두 명의 아이가 사망하고 세 명은 중상을 입었다. 피해자는 모두 앳된 아이들이었다.

이 전대미문의 연쇄살인사건은 2월 10일 신원이 밝혀지지 않은 14세

소년이 여자 초등학생의 머리를 해머로 공격한 것으로 시작됐다. 머리를 맞은 초등학생이 중상을 당해 경찰 측에서 수사를 시작했지만, 성과는 없었다. 피해자들의 증언에 따르면 범인은 교복을 입은 소년이었다. 어린아이가 사람에게 흉기를 휘두를 가능성이 낮았기 때문에 경찰에서는 적극적으로 수사에 나서지 않았고, 인근 학교들은 학생 사진 대조를 거부하여 이후 연속적으로 일어난 사건을 예방하는데 실패하게 된다.

어린아이에게 중상을 입혔음에도 붙잡히지 않은 소년은 이후 자신감이 생겼고, 범행을 시도한 지 한 달밖에 안 된 3월 16일, 다른 초등학교 여학생의 머리를 흉기로 내려치는 비슷한 범행을 저지르게 된다. 이전과는 달리 이번에는 살인사건이었다. 머리를 정통으로 맞은 피해자가 뇌진탕으로 사망을 하였기 때문이다. 그날 살인사건을 저지른 소년은 여기서 멈추지 않았다. 살인을 했다는 죄책감에 당황하기는커녕 불과 10분 뒤에 또 다른 여자초등학생의 복부를 미리 준비한 칼로 찔러 중상을 입혔다.

불과 한 달 사이에 세 명의 사상자를 낳았지만, 소년은 범행을 끝낼 줄 몰랐다. 생명을 앗아가는 것에 묘한 쾌락을 느낀 범인은 멈출 수가 없었다. 살인에 완전히 중독된 그는 두 달 뒤에 벌어질 엄청난 살인을 또다시 계획하게 된다.

소년은 이번에는 목을 졸라 사람을 죽여보고 싶었다. 그래서 세 번째 범행대상으로 동네에서 알고 있었던 신체장애아를 택했다. 피해자로 반항을 못 하는 장애인을 골라야 여유롭고 안전하게(?) 교살을 할 수가 있다고 생각했기 때문이었다.

사카키바라 사건의 범인
아즈마 신이치로(東真一郎)

5월 24일, 거북이를 좋아하는 아이에게 거북이를 보러 가자며 꾀어내어 인적이 드문 산으로 향했다. 범행장소로 택한 곳으로 아이를 유인한 소년은 지문을 남기지 않기 위해 미리 준비한 장갑을 끼고 아이의 목을 졸랐지만, 힘이 약했기 때문에 죽이지는 못했다. 주변의 돌로 머리를 내려찍어 죽일까 생각도 해봤지만 돌이 워낙 땅에 깊게 박혀 있어서 실행에 옮기지는 못했다.

사람을 죽이는데 강한 근육의 힘이 필요하다는 것을 미처 알지 못했던 소년은 잠시 저린 팔을 쉬게 하면서 어떻게 하면 적은 힘으로도 사람을 죽일 수 있을지 고민한다. 이윽고 운동화 끈으로 목을 조르면 되겠다는 생각을 해내게 되고 이번에는 반드시 죽이겠다는 일념으로 피해자의 목을 단단히 조여 마침내 살인에 성공하게 된다.

후에 작성된 경찰조서에 따르면 당시 소년이 교살에 성공했을 때의 심정을 다음과 같이 표현했다고 한다.

"그 만족감은 그때까지 내가 사람을 죽였을 때를 생각해서 얻을 수 있을 것이라 생각한 만족감보다 더욱 멋진 것이었습니다."

그날 저녁 시체를 산에 두고 온 소년은 '사람의 목을 잘라 보고 싶다'는 호기심이 생겼다. 이전에 십여 마리가 넘는 고양이의 목을 잘라 본 경험이 있어서 이 일에는 자신감이 어느 정도 있는 상태였다. 다음 날 오후 소년은 다시 범행현장으로 돌아가서 질식사한 피해자의 목을 칼로 자르기 시작했다. 당시 사람의 목을 썰면서 심리적인 저항감이 없었는지 묻는 경찰에게 소년은 다음과 같이 답했다고 한다.

"별로 없었습니다. 내가 죽인 시체이고, 말하자면 나의 작품이었으니까요."

눈을 치켜뜬 채로 사망한 피해자의 얼굴이 성가신 나머지 소년은 목을 자르다 말고 칼로 안면 부분을 훼손하기도 하고, 악마 같은 자신의 피를 정화시키기 위해 시체에서 나온 피를 마시며 순수한 사람의 기운을 얻으려고도 하였다. 이런 과정에서 성적인 흥분을 느낀 소년은 자위행위를 하지 않았는데도 사정을 했다고 한다.

경찰은 140명의 인원을 급히 투입하여 실종 아동을 찾는 한편 다른 납치, 살해사건처럼 30대 남자가 범인일 것이라는 추측을 하여 수사를 진행하고 있었다. 소년이 범행을 저지른 후 피해자의 머리를 비닐봉투에 싸서 기념품으로 들고 다녔음에도 마주치는 경찰들은 소년이 범인일 것이라는 의심은 하지 못했다. 경찰은 수상한 비닐봉지를 검사하지 않았고 위험하니 조심해서 가라는 주의만 하고 말았다.

뉴스보도를 통해 경찰이 적극적으로 자신을 추적하고 있다는 느낌을 받은 소년은 수사에 혼선을 주기 위해 도모가오카중학교(神戸市立友

が丘中学校) 교문에 시체의 목 부분을 가져다 놓았다. 그리고 다음과 같이 적힌 쪽지를 두었다.

"자, 게임 시작입니다.
우둔한 경찰제군,
나를 막아보게나.
나는 살인이 유쾌해서 견딜 수가 없네.
남의 죽음을 보고 싶어서, 보고 싶어서, 견딜 수가 없어.
더러운 야채들에게는 죽음의 제재를
여러 해의 큰 원한에 유혈의 심판을"

SHOOLL[4] KILLER
학교살인자 사카기바라

이 외에도 고베신문사에 자신이 30대 남자이며 독신으로 부모와 함께 살고 있다는 편지를 보내기도 하였다. 자신의 인생이 비참하다고 느끼고 있으며, 현재의 교육제도에 불만이 있어서 범행을 저질렀다는 내용이었다.

소년은 수사에 혼선을 주려고 이 글을 보냈지만, 경찰은 이 편지들로 인해 결정적인 증거를 잡게 되었다. 먼저 글의 수준이 성인의 것이라고 보기엔 유치했기 때문에 범인을 중학생으로 파악할 수 있었다.

---

4 'SHOOLL'은 영어 단어 'School'의 철자를 범인이 잘못 쓴 것으로, 이를 통해 경찰은 범인이 중학생이라는 단서를 잡을 수 있었다.

추가적으로 인근 중학교를 수사한 결과, 신문사로 보내진 글과 비슷한 내용의 작문이 있었던 것으로 확인이 되었다. 소년이 과거에 과제로 제출한 '징역 13년'이라는 글의 내용이 범인의 글과 상당 부분 일치했던 것이었다. 소년이 유력한 용의선상에 오르게 되는 시점이었다.

6월 28일, 경찰은 소년을 경찰서로 임의 동행을 하여 조사하였다. 당시 경찰은 글씨체를 분석하였지만 이 소년이 쓴 글이라는 확신은 없는 상태였다. 그래서 체포를 할 수 있는 영장은 얻을 수가 없었고, 임의동행의 수단으로만 조사할 수 있었다. 그래서 경찰은 기지를 발휘하여 소년에게 속임수를 쓰기로 하였다.

"이 글을 네가 쓴 것이라는 거 확실하지? 필적이 일치해."

위의 질문에 소년은 마음이 무너지면서 눈물을 흘리고는 순순히 범행을 자백하게 된다. 엄청난 범행을 저지르던 범죄자였지만 중학생이라는 지능 수준의 한계 때문에 경찰의 거짓말에 쉽게 넘어가 버린 것이다.

경찰이 실시한 소년의 정신감정 결과

1. 뇌파 검사, CT, MRI 검사 이상 없음
2. 정신질환 없음, 동일 연령대에 맞는 지능
3. 정상인과 달리 공격성과 성충동이 결합되어 있음. 이것이 사건이 결정적 원인이 되었음.
4. 직관상소질(直観像素質: 시각적인 기억으로 순간적으로 본 영상을 명확하게 언

제까지고 기억할 수 있는 능력)이 뛰어남.

5. **타인의 감정에 대한 공감 능력이 없고, 이기적인 성격**임(사이코패스 판정).

심리분석 결과 이 소년에게서 **사이코패스라는 감정 이외에 특이한 점이 발견**되었다. 정상적인 남성은 성욕과 폭력성이 서로 나누어진 별개의 감정인데, 이 소년은 성욕과 폭력성이 미처 분화되지 못한 같은 감정으로 인식하고 있었던 것이다. 따라서 정상적인 남자가 성욕을 진정시키기 위해서 자위행위를 하는 데 반해, 이 소년은 성욕을 채우기 위해 자위행위에 머무르지 않고 폭력적인 행위(살인, 폭행)가 필요했던 것이었다.

이러한 특이점은 사이코패스마다 다르다. 사이코패스가 어떠한 곳에 흥미를 두느냐에 따라 각각의 특이한 성질이 발현된다. 어떤 사이코패스는 소년처럼 폭력성에 특화되어 있을 수도 있고, 다른 사이코패스는 권력욕에 사로잡혀 높은 지위까지 올라있을 수도 있다. **따라서 단순히 강력범죄자들을 모두 사이코패스라고 단정할 수 없다(당신 곁에 있을 수도 있다)**. 사이코패스의 일부가 강력범이지 모두가 범죄자인 것은 아니다. 오히려 사이코패스 같은 성격장애자들은 범죄를 저지르지 않는 사람일 확률이 훨씬 더 높다. 그리고 그들은 힘이 센 권력자일 가능성이 매우 높다(범죄와 연관되지 않은 사이코패스의 경우는 주위 사람들에게 어떤 피해를 끼치는지 연구가 전혀 이루어지지 않은 상태이다). 그러므로 우리가 만나는 사람들 중 5%는 사이코패스나 소시오패스임을 항상 잊지 않고 항상 그들에 대해 이해하며 공부하여 피해를 예방하는 방법을 알고 있어야 한다.

사이코패스(Psychopath)의 특징

○ 감정의 공감능력이 약하다. 옆에서 다른 사람이 고통을 받고 있어도 전혀 감정상 반응이 없거나 약하다. 감정을 이해하지 못하기 때문에 감정표현에 서툴다(예: 슬픈 표현이나 표정이 불가능함). 이러한 특성으로 사회성이 부족하여 대인관계에 문제가 있을 수 있다.

○ 자기중심적 사고를 하며 죄의식이나 죄책감, 양심의 가책을 느끼지 못한다. 오직 자신의 이익이나 쾌락만을 최우선시한다.

○ 거짓말을 잘해서 남을 잘 속일 수 있다. 거짓말로 다른 사람을 교묘히 조종할 수 있다.

○ 충동적이며 지루함을 잘 참지 못한다. 늘 새로운 자극을 필요로 한다.

○ 책임감이 없고, 사회규범(법, 규칙, 도덕) 등을 아무렇지도 않다는 듯이 위반한다.

○ 사이코패스는 망상이나 비합리적 사고를 하는 정신병(Psychosis)과는 다른 개념이다. 뇌의 회로와 인지능력 모두 정상이기 때문이다.

○ 다른 사람의 권리를 무시하거나 침해하는 성격장애가 있다.

○ 공격성과 폭력성이 있고, 피해의식도 있을 수 있다. 감정조절능력이 부족하여 분노를 참지 못한다.

○ 학습으로 인해 선과 악을 구분할 줄 알지만, 선을 추구하는 경향이 전혀 없다. 다만 자신의 이익을 위해서만 행동할 뿐이다. 자

신의 행동으로 인해 다른 사람이 피해를 본다는 것을 이해하지만, 다른 사람을 위하여 자신의 행동을 고치려 하지 않는다.

○ 사이코패스는 자존심이 매우 높아 자존심을 건드리면 폭력성이 폭발한다. 일부러 능력을 무시하거나 출신을 비하하는 등의 말을 하여 자존심을 상하게 해 보자. 격한 감정의 표현이나 폭력성을 보이면 사이코패스일 확률이 높다.

너와 함께하고 싶어 - 신촌의 소시오패스

대학교 입학을 위해 서울로 상경한 A양은 신촌에 있는 한 원룸에 자취방을 얻게 되었다. 그곳에서 생활한 지 몇 달째가 지나, A양은 누군가 원룸에 침입한 흔적을 발견하게 되었다. 급히 부모님이 상경해서 함께 지냈지만, 불안한 느낌을 지울 수가 없었다.

그로부터 며칠 뒤 부모님이 다시 고향으로 내려간 뒤, A양은 외출할 때마다 문틈에 종이를 끼워두는 식으로 해서 다른 사람이 침입하는 것은 아닌지 확인하려 하였다. 그로부터 얼마 후 이번에도 누군가가 방에 들어와서 문틈의 종이를 떨어뜨려 놓았다.

A양은 그동안에 느껴왔던 기존의 무서운 감정이 원룸 관리인에 대한 분노로 바뀌었다. 관리인은 마스터키가 있기 때문에 마음껏 들어올 수 있었다. 억울하게 범인으로 몰린 관리인은 사비를 들여 조그마한 CCTV를 박스로 위장해 복도에 설치하였다.

그로부터 4일 후 또 누군가가 침입을 해서 A양은 관리인을 경찰에 신고하게 되었다. A양은 범인이 침입하기 전에 출입문의 손잡이에 반짝이는 펄(여성용 화장품)을 잔뜩 발라두는 기지를 발휘하였는데, 이 끈

적이는 펄 때문에 범인이 방 안에서 손댄 모든 물품에 반짝이는 가루가 조금씩 붙어있었다. 범인은 이번에는 대담하게도 원룸의 화장실에서 샤워까지 한 흔적도 남겨두었다.

경찰은 관리인부터 의심하며 관리인의 방에 펄이 조금이라도 묻어있는지 방 안 이곳저곳을 샅샅이 조사하였다. 컴퓨터, 손잡이, 화장실, 변기레버 등 손이 닿을만한 모든 부분을 조사하였지만 관리인은 범인이 아니어서 당연히 증거는 발견되지 않았다. 경찰의 의심을 피한 관리인은 황당한 일에 화가 나서 미리 설치해둔 CCTV를 경찰에 보여주게 되었고, 이를 확인한 경찰은 결국 진범인 A양의 남자친구를 체포할 수 있었다.

사건의 전말은 이랬다. A양에게는 남자친구가 있었는데 A양과의 동거를 원하고 있었다. 그는 A양이 학교수업 등으로 자리를 비운 틈을 타서 일부러 원룸에 찾아가 수상한 흔적들을 남겼다. A양이 이를 발견하고 불안해하자, 그는 무서운 살인사건 이야기를 하면서 자신의 자취방에서 A양을 당분간 묵게 하였다. 자신의 성욕을 채우기 위해 일부러 여자친구인 A양을 두려움에 떨게 만든 것이었다.

소시오패스는 당신을 교묘히 조종한다

그는 **자기감정을 자유자재로 컨트롤**할 수가 있어서 A양이 무서워할 때마다 자신의 실제 감정을 속이며 자상하게 다독여 주면서 위로하는 모습을 보였다(목적을 위해 방법을 가리지 않으면서 감정 컨트롤에 능한 소시오패스의 전형적인 모습이다).

경찰 조사에서 그는 발뺌할 수가 없었다. 그가 새벽에 몰래 원룸으로 들어가는 모습이 CCTV에 찍혀 있었기 때문이다. 그리고 그의 자취방은 반짝이는 펄 흔적 또한 가득하였다. A양은 이 사건의 충격으로 휴학을 하였고 남자친구는 고소를 당해 재판을 기다리고 있다고 한다.

소시오패스(Sociopath)의 특징

○ 소시오패스가 사이코패스와 차별화되는 것은 **공감능력 때문**이다. 사이코패스와 달리 감정의 공감, 감정의 조절 등에 능력이 탁월해 일반인 사이에 숨어있을 수 있다. 단, 타인의 감정에 대해 공감은 하나 양심과 죄의식이 없기 때문에 잘못된 행동을 하여도 양심의 가책은 받지 않는다. 자신의 감정을 억제하거나 절제하여 표현할 줄 알기 때문에 대인관계가 굉장히 좋다. **공감능력을 제외하면 사이코패스와 비슷한 경향을 지닌다**.

○ **타고난 감정공감능력으로 다른 사람의 심리를 잘 파악해 자신의 이득에 이용**한다. 타인을 상대로 감정연기를 자유자재로 펼친다(뛰어난 연기파 배우 중 일부가 이혼이 잦은 이유이다). 특히, 궁지에 몰리게 되면 눈물 연기나 불쌍한 척을 한다. 이게 먹히지 않으면 갑자기 화를 내거나 협박 등을 하여 원하는 것을 얻어낸다.

○ 자신의 이익과 쾌락을 위해 수단과 방법을 가리지 않는다. 삶을 게임으로 인식하며 남에게 이기기 위한 '지배게임'을 즐긴다. 사회적인 규칙과 대인관계는 이익을 위한 도구일 뿐이라 생각하며, 겉으론 친절한 얼굴을 하고 있지만 속으로는 믿을 수 없을 만큼 이기적이다.

자신에게 이득을 줄 수 있는 사람하고만 만나려고 한다. 인맥을 중요시하며 주변 사람 관리에 뛰어나다. 예를 들어 자동차가 없으면 얻어 타려는 목적으로 차를 소유한 사람에게 접근한다. 태워주는 것을 당연하게 생각하며 유류비를 분담하려는 노력은 절대 하지 않는다.

양심이 있는 일반인의 특성을 너무도 잘 이해하고 있기 때문에, 누가 자신에게 복종할지, 어떻게 유혹하면 자신의 의도대로 움직여줄지, 누가 자신의 편을 들지 다 알고 있다. 낯선 사람을 만나면 그 사람의 성격에 대한 연구를 하며, 추후에 어떤 이용가치가 있을지 생각해 둔다.

○ 죄의식, 양심의 가책이 없다(자신의 잘못된 행동으로 인해서 상대방이 입을 피해에 대해서 전혀 거리낌이 없다). 법, 규칙, 도덕을 지켜야 하는 이유를 이해하지 못하며 특히, 자동차를 위험하게 운전한다. 음주운전, 신호무시 등은 습관처럼 행하며 양보운전은 절대 하지 않는다. 공동주택에 거주하는 경우 남의 피해에 대해 아랑곳하지 않아서 소음민원, 이웃 간 갈등 등을 많이 일으킨다. 길을 걸을 때면 마주 오는 사람을 배려해 절대 옆으로 피하지 않는다. 상대가 오든 말든, 피하려면 당신이 피하라는 식으로 그대로 직진한

다. 버스, 비행기의 경우엔 뒷사람이 불편하더라도 좌석을 뒤로 심하게 젖혀 놓는다.

위와 같은 사소한 예절에 관해서는 교육을 통해 남들 앞에서 안 하려 노력할 수는 있지만, 절대 남의 불편을 생각하고서 절제하는 것이 아니다. 예의 없는 사람이라는 낙인이 찍히면 향후 자신에게 불이익이 오기 때문에 자제하는 것이다. 자신의 소시오패시즘을 숨겨 다른 사람들을 추후 이용해 먹으려고 양심 있는 척을 하는 셈이다.

재벌 소시오패스의 경우 자신의 회사가 망해도, 사재를 출연해 회사를 살리려고 하는 기본적인 노력조차 하지 않는다. 애초에 책임감이라는 감정이 없기 때문이기도 하고, 그동안 함께했던 다른 직원들에 대한 의리도 결여되어 있기 때문이다.

○ 범죄자 중에 소시오패스인 비율이 높지만(미국의 경우 수감자의 약 20%가 소시오패스. 살인, 납치, 강도, 간첩, 테러, 반역죄 같은 중범죄는 50%가 소시오패스임) 소시오패스라고 해서 반드시 범죄를 저지르는 것은 아니다. 그들의 관심사가 범죄가 아닌 권력, 돈, 지위, 게으름 등에 있는 경우 범죄를 저지르지 않을 수 있다(대부분의 소시오패스는 감옥에 가지 않는다).

○ 사회적 성공(권력, 돈) 등을 원하는 소시오패스가 많으나, 의외로 게으름을 즐기는 소시오패스 유형도 존재한다. 이 유형은 귀찮고 책임져야 하는 일은 남에게 떠넘기기를 좋아한다. 각종 핑계를 들어 직업을 구해 근로를 하는 것을 끔찍이도 싫어하며, 남의 돈으로 편하게 살고 싶어 하는 욕구가 강해 부모에 의지하거나, 금

융사기, 꽃뱀과 같은 범죄를 저지른다. 그리고 결혼을 일을 안 할 수 있는 수단으로 여겨, 결혼으로 배우자로부터 얻어낼 수 있는 것(집, 경제적 안정)과 희생해야 할 것(가사분담, 육아)을 저울질하여 상대를 고른다.

○ 양심이 있는 다른 사람들을 이용하여 자신을 향한 **동정심**을 이끌어 낼 줄 안다. 책임이나 의무를 회피하기 위해 아프다는 핑계를 대거나, 주위 사람이 죽어서 장례식장에 가야 한다는 거짓말 등을 하여 동정심을 유발할 수도 있다. 또한 자신의 불행했던 과거(빈곤했던 학창시절) 등을 지나치게 강조하는 사람들도 조심하라. 자신의 가족을 이용해 동정심을 받을 수도 있다. 자신의 아내가 아이를 가질 수 없는 연약한 몸이라든지, 현재 사고를 당해 종합병원에 입원 중이라는 거짓말을 능수능란하게 해댄다.
해외에서는 사형을 당하지 않으려 일부러 임신을 한 수감자도 있었다. 이런 말도 안 되는 이유로도 쉽게 일반인들의 동정심을 이용할 수 있으니 조심해야 한다.

○ 매력이 있고 언변이 매우 뛰어나다. 어떤 사람이 매우 똑똑해 보이고 그들의 지식(금융, 법률, 의학 등)에 의존하고 싶을 때, 그가 혹시 소시오패스는 아닌지 의심해 보자.
일반적으로 우리는 사람의 외모나 지식수준을 가지고 사람을 판단하려 하는데, 소시오패스는 이런 보통사람의 특성을 일반인에게 접근하기 위한 좋은 기회로 활용한다.

○ 이용가치가 있는 일반인과 친해지기 위해 상대의 처지가 자신과 비슷하다는 점을 강조하며 접근한다.

○ 거짓말을 잘하고 무책임하다. 뛰어난 사기꾼인 경우가 많다. 이간질, 험담, 중상모략, 협박, 거짓말에 능하다. 없는 학력을 속이거나, 자격증 등이 있는 척을 한다. 결혼했지만 미혼 행세를 하거나, 이혼 경력을 숨기기도 한다.

○ 가끔 일반인이라면 도저히 상상하기 힘든 해괴한 일을 벌인다. 예를 들면, 배가 고픈 어린 자식에게 음식을 주지 않거나, 자기 자식을 병적으로 싫어하는 행위 따위이다(남이 지켜보는 상황에서는 정상인처럼 행동할 수도 있다). 정상인이라면 마땅히 해야 할 행동을 마땅히 하지 않는 것이다. 이런 경우가 두세 번 반복되면 소시오패스임을 눈치채야 한다.

○ 자신이 **이기기 위해서 다른 사람들을 교묘히 조종한다**. 이러한 자신의 행동을 당연하게 생각한다(죄의식이 없기 때문).

○ 특히, 사이코패스가 남자가 많은 데 비해 소시오패스는 여자들 사이에서 일정 부분 나타나는 경향이 있다. 여자 소시오패스는 여성이라는 약자의 지위를 이용해서 거짓 눈물 연기나 성범죄 연극을 펼친다. 상대를 모함해 파렴치한으로 만드는 것이다.

○ 자기애가 강하고 자신감에 차있다. 사회적으로 성공한 경우, 자신을 대단한 존재로 생각하며 다른 사람을 지배할 능력이 있다고 생각한다. 우월감 때문에 자신을 포장하고 과시하는 행동을 하기도 하고, 인간관계에 있어서 상황을 주도하고 지배하는 것을 즐긴다.

사회적으로 성공하지 못한 소시오패스의 경우, 자신의 능력은 뛰어나지만, 주위 환경이 받쳐주지 못해 누려야 할 만큼의 보상을 못 얻고 있는 비운의 천재로 자신을 포장한다.

○ 자신보다 약한 부하직원, 배우자, 자식, 사회적 약자, 반려동물 등을 학대하길 좋아한다. 예를 들면, 필요 이상으로 부하직원을 괴롭히는 상사나 군대 선임, 자신의 아이가 아프지 않은데도 매력적인 소아과 의사를 만나기 위해 아이를 학대하는 엄마 등이 있다.

이와는 반대로 약한 상대를 이용해서 자신이 따뜻한 사람임을 다른 사람들에게 홍보하는 데 이용할 수 있다(자원봉사, 애견동호회 등). 연쇄살인마로 유명한 강호순은 귀여운 강아지와 함께 찍은 사진을 보여주며 살인을 목적으로 여성들에 접근했다. 강아지는 사진을 찍은 후에 삶아 먹었다고 한다.

○ 주위 사람들에게 전혀 돈을 쓰려 하지 않는 짠돌이 유형(푼돈에 지나치게 집착)도 있다. 자신에게 쓰는 돈은 아깝지 않아 비싼 외제차도 타고 다닐 수 있지만, 상대방에게 들이는 돈은 무척이나 아까워하는 유형이다.

○ 소시오패스는 헌신할 대상이나 감정적 유대를 공유할 대상이 필요 없기 때문에 가정불화를 겪을 가능성이 크다. 개인적으로 뚜렷한 문제점이 있지 않은데도 애인이 없어나 결혼을 하지 않는 경우를 의심해 보아야 한다. 애인이 있는 경우엔 상대를 자주 갈아 치우고, 결혼을 한 경우엔 배우자와의 갈등이 심하다. 하지만 다른 사람들 앞에서는 아무런 문제가 없는 것처럼, 혹은 무조건 상대방이 잘못한 것처럼 연기한다.

소시오패스가 결혼을 하는 이유는 목적이 있어서이다. 목적이 금전적 이유(예: 의사 남편)일 수도 있고, 트로피 와이프(아름다운 미녀 혹은 고학력의 여성을 아내로 맞아 다른 사람에게 자랑하기 위한 결혼)일 수도 있다. 때로는 그냥 섹스가 무척이나 하고 싶거나 타의(부모의 강요)에 의해서 결혼하는 경우도 있다.

○ 사회적으로 인정받는 직업을 얻기 위해 노력하고, 일단 직업을 얻으면 그 지위를 이용해서 약자를 착취한다. 주로, 경제적으로 부유하고 업무에 있어 다른 사람을 마음대로 통제할 수 있으면서, 간섭은 받지 않는 직업을 선호한다.

직업군	특성
교수	— 성적을 빌미로 원하는 것을 얻어냄(부당한 지시, 성추행 등). "내 말만 잘 들으면 A+학점을 주겠다." — 제자의 미래를 담보 잡고 부당한 요구를 함. "논문을 대신 써주면 좋은 직장으로 취업을 시켜주겠다."
교사	— 학생을 상대로 성적학대를 하는 유형.
군인	— 상하위계질서를 이용해 하급자를 괴롭힘.
변호사	— 법률지식이 없는 고객을 상대로 터무니없는 수임료를 요구하거나 불성실하게 업무를 처리함.
의사	— 환자를 상대로 실험을 몰래 진행하거나, 간호사를 괴롭힘.
스포츠 감독	— 담당 선수를 괴롭힘.
각종 단체장	— 공금을 횡령하거나 회원들을 상대로 사기를 꾸밈.
고위직 임원	— 부하직원을 괴롭힘. — 부하직원을 혹사시켜서 자신의 성공에 활용함.

고위직 임원	— 다른 사람을 교묘히 조종해 빠른 승진을 거둠. — 남을 조종해 원하는 성과를 얻었을 때, 필요 이상으로 짜릿해 하는 사람. — 사내정치에 심취한 늙은 여우(교활한 정치동물). — 자신의 이익을 위해서는 누구하고도 손을 잡을 준비가 되어 있음. — 리더십, 진실한 관계, 협동 등과는 거리가 먼 사람. — 비정규직 직원에게 정규직을 시켜주겠다는 달콤한 말로 유혹한 후, 계약기간이 지나면 모르는 척을 함. — 무직자에게 금품을 받고 취직을 시켜주거나 취업 알선 사기를 꾸밈.
종교인	— 신도를 상대로 범죄를 꾸밈(사기, 성범죄 등). 특히, 종교단체에서 높은 자리(집사, 권사, 위원 등)를 얻으려 노력하는 사람들을 주의해야 함.
정치인	— 자신의 이익을 위해 무슨 짓을 하든지 거리낌이 없음.

○ SNS에 집착하는 모습을 보인다. 자랑하는 사진이나 특이한 사진, 또는 몸매를 노출하는 사진을 SNS에 올려 유명인이 되고 싶어 한다. 귀여운 아이, 혹은 강아지나 고양이 사진을 집중적으로 올려 자신이 가슴 따뜻한 사람임을 강조할 수도 있다(SNS를 자신을 어필할 수 있는 도구로 이용함).

○ 원하는 것을 얻어내기 위해 부단히 노력한다. 감옥에 수감된 경우 가석방을 위해 종교 공부(목사 선발시험)나 자격증 취득에 매달린다. 고졸인 경우, 남보다 우월한 위치에 서기 위해 방송통신대

나 평생교육원 학위 등에 집착하는 경향을 보인다.

○ 섹스를 무기로 이용할 줄 안다. 여자 소시오패스의 경우 성관계를 미끼로 남자에게 원하는 것을 얻어낸다. 예를 들면, 교수와 섹스를 한 후 높은 학점이나 취업 알선을 요구하는 학생 같은 경우이다. 원하는 이득을 얻어내지 못하면 강간죄로 신고하겠다는 식으로 협박을 한다.

○ 쉽게 지루해하는 사람, 자극적인 것만 찾는 사람, 위험을 무릅쓰는 것을 즐기는 사람을 조심해야 한다. 오토바이, 카레이싱, 폭주족같이 스피드를 즐기거나, 인생은 한방이라며 도박, 내기, 로또복권, 고위험 고수익 금융투자(주식, 선물) 등에 빠져있다.

특정 취미활동을 갑자기 시작해 열정을 보이더라도, 시간이 지나면 이내 흥미를 잃고 그만두는 사람도 위험하다. 또한 중독에 취약해서 알코올, 담배, 약물(수면제), 마약, 야동, 편식 중 하나 이상에 병적으로 의존할 수도 있다. 술과 담배 등을 즐긴다고 모두 소시오패스는 아니지만 대부분의 소시오패스들은 무언가에 중독된 것이 하나 이상은 있다.

○ 일부 소시오패스는 자신의 건강을 약물중독 등으로 파괴하는데 서슴지 않지만, 이와는 반대로 지나친 건강염려증이 있는 소시오패스도 존재한다. 관심이 자신의 이익에만 집중되어 있기 때문에, 자신의 건강에 대해 신경질적으로 집착하는 태도를 보이는 것이다(유기농 농산물, 보약, 비타민, 영양제 등).

○ 소시오패스는 공감능력이 탁월해서 **일반인과 구분하기가 어렵다**. 감정적 공감을 못 하고 사회성이 부족하여 어느 정도 알아

볼 수 있는 사이코패스와는 다르다. 이런 점에서 소시오패스는 사이코패스보다 당신에게 더 가까이 접근할 수 있다. 인구 대비 수치로도 4%나 되기 때문에 확률적으로 당신이 마주칠 기회가 흔하다.

○ 소시오패스는 자신이 이상하다는 점을 깨닫지 못할 수도 있다. 오히려 일반인의 행동이 이상하다고 넘겨짚는 경우도 많다. 자신이 소시오패스임을 깨닫는 똑똑한 이들은 일반인들을 좀 더 깊이 분석해 더욱 위험한 소시오패스로 발전한다.

○ 보통 15세 이상부터 발현되는 이 소시오패스 성향은 유년기환경이 유복했든, 불행했든 상관없이 발생한다. 일반인은 유년기 학대(경제적, 정신적) 때문에 범죄의 길로 들어서지만, 소시오패스는 유년기의 경험이 영향을 미친다는 뚜렷한 증거가 없다(유전으로 50% 정도 영향을 미칠 것으로 추측된다). 치료법도 없으며 그저 멀리 피하는 방법밖에는 없다(윤리적으로 가르치려 해봤자 그들은 이해하질 못한다).

○ 양심 있고, 정의로운 사람들은 소시오패스의 공격 목표가 될 수 있다. 소시오패스의 상식상 정상인의 사고는 이해하기 힘든 데다, 자신에게 제한을 준다고 생각하기 때문이다. 소시오패스는 이렇게 정상인들로부터 부당한 일을 당했다고 생각되면 반드시 복수하니 괜한 피해자가 되지 않도록 주의하자(가족 등을 포함한 소시오패스로부터 피해를 당한 사람들은 자살을 시도하거나 우울증 같은 정신적 외상을 입기 쉽다).

○ 조직 내에서 자주 풍파를 일으키는 사람을 한 번쯤 이해해 보려 노력하라. 소시오패스의 계략에 휘말린 피해자일 수도 있다. 그

가 소시오패스를 상대로 외로운 싸움을 펼치고 있을 수도 있다. 정의로운 사람일수록 공격에 노출되는 빈도가 잦기 때문이다. 음모를 통한 누명을 뒤집어쓰고 있지는 않은지 자세히 살피자(반대로 피해자가 아닌 소시오패스일 수도 있다는 의심도 당연히 해야 한다).

○ 소시오패스는 결국엔 정체가 드러나서 파국적인 종말을 맞는다(소시오패스의 몰락은 우연한 계기로 외부로부터 그들의 기만이 밝혀지는 경우가 많다).

사이코패스와 소시오패스는 전문가조차도 속을 만큼 거짓말에 능하다고 한다. 그들이 겉보기에는 정상인처럼 보이도록 자신을 위장하기 때문이다. 미국의 한 경찰관은 악명 높은 연쇄살인범과 개인적인 친분이 있었다고 한다. 친구 사이였던 동안에 범인은 살인을 계속 해나갔는데도 경찰 친구는 자신의 친구가 범인인 줄 꿈에도 몰랐었다. 살인마가 반사회적인 성격이 있었음에도 경찰 친구는 그가 정직하고 잘생긴 청년이라고만 믿고 있었다. 범인이 친구를 완벽한 거짓말로 속이고 있었는지는 꿈에도 모르고 있었다. 단지 교묘하게 사람을 조종하는 사람이라고만 약간의 눈치를 채고 있을 뿐이었다. 나중에 결정적인 증거로 그가 살인범이라는 것을 알았을 때, 이 경찰은 적잖은 충격을 받았다고 한다. 이 살인마는 36명의 사람을 죽인 전설적인 연쇄살인마, 테드 번디(Ted Bundy)였다.

사이코패스와 소시오패스들은 자신들의 능력을 기반으로 해서 사회적으로 높은 위치에 있는 경우가 많다. 회사 고위직, 교수, 전문직 등 성공한 사람 중에 이러한 반사회적성격장애자가 있을 수 있다. **범**

죄자 같은 유형보다는 유능하여 성공한 사람인 케이스가 훨씬 더 많은 것이다. 이쯤에서 눈치챘겠지만, 사기꾼의 특징은 소시오패스와 매우 비슷한 점이 많다(앞에서 서술한 '속이는 사회(사기꾼 감별법)'를 참조하여 사기꾼과 소시오패스 특징을 비교해 보자). 그리고 회사 내에서 사이코패스나 소시오패스가 없는지 잘 확인해 보자.

Tip 소시오패스를 판별할 수 있는 심리검사

1. 사람들은 당신을 매력적이라고 생각합니까?
2. 당신의 매력을 남을 조종하거나 설득하는 데 이용합니까?
3. 항상 자신감이 있습니까?
4. 거짓말을 자주 하는 편입니까?
5. 남에게 피해를 주었을 때 양심의 가책은 받지 않는 편입니까?
6. 약속을 자주 지키지 않습니까?
7. 누군가를 사랑할 수가 없습니까?
8. 쉽게 지루함을 느낍니까?
9. 다른 사람의 감정을 신경 쓰지 않습니까?
10. 분노를 조절하기 힘들 때가 자주 있습니까?
11. 어렸을 적 행동장애를 겪은 경험이 있습니까?
12. 책임감이 부족하여 다른 사람들로부터 신뢰가 없습니까?
13. 때론 가족이나 애인에게 충실하지 않을 수도 있습니까?
14. 당신의 미래에 대한 계획은 비현실적입니까?
15. 당신의 이익을 위해 다른 사람을 이용할 수도 있습니까?
16. 법은 필요하면 어길 수 있는 것입니까?
17. 어릴 때 범죄를 저지른 적이 있습니까?
18. 피해의식이 있습니까?
19. 장기적인 인간관계보다는 단기적인 인간관계가 편합니까?
20. 혼자만의 비밀이 많이 있고 다른 사람에게 말하지 않는 편입니까?
21. 선과 악의 차이를 구별할 수 있습니까?
22. 과거의 잘못을 배우고 반복하지 않도록 노력하는 편입니까?

23. 다른 사람에게 무조건적인 신뢰를 받기를 바랍니까?

24. 다른 사람의 신뢰를 자주 저버리는 편입니까?

답 위의 문항 중 YES가 16개 이상이면 약한 소시오패스를 의심해 볼 수 있고 20개 이상이면 소시오패스일 가능성이 있다.

정 리

그들은 우리의 일상 속에 늘 함께 있다. 이 사실을 인정하고 그들을 알아야 한다.

— 하버드 의과대학 교수, 마사 스타우트(Martha Stout)

신뢰를 얻고자 하는 그대, 경청하라

사람은 천성적으로 누군가의 말을 들어주는 것보다는 직접 말을 하는 쪽을 선호한다. 열심히 경청해 주는 상대 앞에서 말을 하게 되면 일종의 스트레스 해소감을 얻을 수 있기 때문이다. 아무도 상대하려고 하지 않는 노인들이 일단 지하철에서 옆에 있는 젊은이에게 말을 붙이기라도 하면, 한 시간이고 두 시간이고 계속되는 이유이기도 하다.

클린턴 대통령의 경청법

역대 미국 대통령 중에서 이와 같은 원리를 가장 잘 알고 있었던 사람은 빌 클린턴(Bill Clinton)이었다. 국민들과 문답하는 자리에서 그는 마이크를 손으로 감싸는 버릇이 있었다. 질문을 하는 사람의 말을 더 잘 들으려고 마이크 소음을 없애기 위함이었다(마이크 소음보다는 "내가 이렇게 당신의 말을 잘 듣고 있어요"를 표현하고 싶은 의도이다). 한쪽 귀를 말하는 사람 쪽으로 돌리면서 잘생긴 얼굴로 당신의 처지를 이해한다는 눈빛을 보내는 순간 국민들은 이 멋쟁이 대통령에게 환호를 보낼 준비를 하게 된다. 달변가의 모습을 보여주지 않고 그저 잘 들어주기만 했는데도 설득이 되는 것이다.

베테랑 영업사원도 클린턴의 방법을 주로 쓴다. 흔히 생각하기에 영업실적이 높은 영업사원은 청산유수의 달변가라고 착각하기 쉽다. 하지만 실제로는 이와 정반대다. 능력 있는 영업사원은 자신이 말을 하기보다는 고객의 말을 잘 들어주는 쪽을 택한다. 고객이 말을 계속하게끔 적절한 추임새와 유도 질문을 이용하는데, 한번 시동이 걸리면 고객은 끊임없이 제품에 대해 말을 하게 된다. 긴 대화가 끝나면 고객은 행복감과 해소감을 느끼고 이는, 구매계약으로 이어지게 되는 것이다.

분노하는 상대를 달래는 것도 크게 다르지 않다. 화를 내는 상대가 거칠게 쏟아내는 말을 똑같이 맞받아치는 것보다는 기분이 풀릴 때까지 이야기를 들어주는 것이다. 상대의 말이 도가 지나치더라도 절대 화내면 안 된다. 상대는 감정조절이 안 되는 상태이므로 문제가 되는 사안이 인생의 전부인 것처럼 모든 걸 걸고 달려들 가능성이 크다. 당신이 화를 내는 순간 진흙투성이로 다 함께 떨어지는 꼴이 되므로, 꼭 참고 들어주자. 단순히 가만히 듣고 있는 것보다는 **상대의 감정에 동조를 하면서 적절한 추임새를 넣어주는 것**이 훨씬 좋다.

말로 분노를 폭발시키면 스트레스가 해소되면서 진정이 되는데 심리학에서는 이를 '정화'라고 한다. 시간이 지나 이렇게 정화의 단계가 오면 당신에게 너무 심하게 대한 것은 아닌지 후회하게 된다. 그리고 이는 곧 당신에 대한 고마움과 호감으로 이어지게 된다.

북한군 장성들의 생존노트

2011년 말, 김정일의 사망으로 등장한 북한의 김정은 정권은 북한군 수뇌부에게 있어서는 악몽 그 자체였다. 과거의 두 지도자(김일성, 김정일)와는 달리 젊은 나이에 가냘픈 힘으로 급조된 리더였기에 누구도 그를 존경하며 따르지 않았다. 이에 김정은은 상대를 쉽게 신뢰하지 못했고, 반란이 일어날 수 있다는 그의 불안감은 숙청의 바람을 일으키게 된다. 하루가 멀다 하고 군장성들을 숙청시키고 기어코 고모부인 장성택까지 처형하고 만다.

아마 북한군 고위간부들에게는 죽을 맛이었을 것이다. 김정은의 심기를 건드리지 않으려 살얼음을 걷는 모험을 매일 지속해야 했기 때문이다. 북한 정치체계 특성상 고위직은 다른 나라의 공무원처럼 정년퇴직을 하기 힘들기 때문에 고위직 관료들은 직장을 그만둘 수도 없는 노릇이었다.

2014년 초부터 북한방송에서는 특이한 모습이 포착된다. 김정은이 현지시찰을 다닐 때마다 옆에서 보좌하는 군장성들이 수첩을 들고 김정은의 말을 일일이 기록하고 있는 것이었다. 노안이 의심되는 이 노인들이 갓 서른을 넘긴 지도자 옆에서 지시사항을 열심히 쓰는 모습은 웃음을 자아냈다.

하지만 필자에게는 사뭇 다른 느낌을 주었다. 그것은 하나의 해프닝이 아닌 살기 위한 몸부림으로 보였다. 메모를 한다는 것은 "당신의 말을 흘려듣고 있지 않아요", "당신의 지시를 하나하나 놓치지 않기 위해 기록하고 있어요"의 메시지를 줄 수 있다. 수첩 부대는 김정은에게 보여줄 수 있는 충성심의 표현인 것이다.

북한군처럼 수첩을 이용한다면 회사에서 살아남는 비법이 될 수 있다. 직장상사가 이것저것 지시할 때, "좋은 의견이신데 잠시 메모 좀 하겠습니다"라고 멘트를 곁들인다면 싫어할 상사는 아무도 없을 것이다.

정 리

다음과 같은 적절한 추임새로 상대가 말을 계속하도록 유도하라.
"그렇군요."
"당신의 처지를 잘 이해합니다."
"이런 상황이라면 누구라도 화가 날 겁니다."

제 4 부

자유로운 생각

알코올과 니코틴

시몬프레이져 대학(Simon Fraser Univ.)의 교수 브루스 알렉산더(Bruce Alexander)는 자유분방한 캐나다인답게 중독성에 관한 실험을 하게 된다. 알렉산더는 마약류의 중독성보다는 사회적인 이유로 인간이 약물에 의존한다는 가설을 세웠다. 그리고 그 가설을 입증하기 위해 1981년 재미있는 실험 하나를 기획한다.

알렉산더 교수는 신경계통이 인간과 가장 유사한 실험용 흰쥐를 이용해 실험을 구상하였다. 우선 흰쥐들을 두 그룹으로 만들어 서로 격리해 수용했다. 한 그룹은 좁고 지저분한 우리에 가두었고, 다른 한 그룹은 '쥐 공원'이라는 특별한 공간에 가두었다. 열악한 우리와 쥐 공원에는 모두 우리 한켠에 마약류가 섞인 달콤한 설탕물을 언제든지 먹을 수 있는 장치가 있었다.

쥐 공원은 좁고 열악한 우리와 달리 60㎡의 거대한 공간이었다. 온도 조절기를 통해 따뜻한 온도가 유지되었고, 맛있는 먹이와 다양한 장난감 등도 제공되었다. 수컷과 암컷의 비율이 적절해서 짝짓기도 자유롭게 할 수 있었으며 새끼를 키울 보금자리 공간도 따로 확보되어 있었다. 그리고 벽면에는 풀숲과 연못 등 자연환경이 아름답게 그려져 있었다.

결과는 흥미로웠다. 좁은 우리에 갇힌 쥐들은 먹이와 물을 섭취하는 일 이외에 놀이가 마약을 탐하는 것밖에 없었기 때문에 마약이 담긴 설탕물을 마시는 데 집중했다. 반면에 쥐 공원의 쥐들은 달콤한 마약물을 한 번 이상 마셔본 경험이 다들 있었지만, 대체로 그냥 물을 마시는 것을 선호했다. 수치적으로 따지자면 열악한 우리의 쥐들이 공원의 쥐들보다 16배 많은 마약을 섭취했다.

그렇다. 생명체는 마약류의 중독성 때문보다는 **사회적인 환경이 힘들기 때문에 약물에 의존하게 되는 것이다**. 이 세상이 힘들기 때문에 회사원들은 알코올이라는 최면과 담배라는 마약을 끊지 못하는 것이다. 그러므로 우리는 흡연자와 알코올중독자들을 비난할 수 없다. 다만, 각박한 이 사회를 욕할 뿐이다.

우리의 뇌에서는 도파민과 세로토닌이라는 행복 호르몬이 분비된다. 이 물질들은 기쁨을 느낄 때, 식사를 할 때, 배변을 할 때 주로 분비된다고 한다. 그러나 흡연자의 경우는 조금 다르다고 한다. 위의 세 가지 경우에도 호르몬이 분비되지 않는 것이다. 흡연가들이 뇌에서 행복 호르몬을 얻으려면 흡연을 해야 한다고 한다. 보통의 상태에서는 체내에서 더 이상 도파민과 세로토닌이 생성되지 않기 때문에, 외부에서 니코틴으로 자극을 주어야 하는 것이다. 애연가들이 식후 또는 화장실에서 끽연을 하는 이유가 바로 여기에 있는 것이다.

우리는 지금 난세를 살고 있다. 열악한 우리의 쥐들처럼 사회적 경쟁이라는 우리 안에 갇혀 있는 것이다. 많은 사람들이 일자리를 잃고 있고, 소득은 물가를 따라잡지 못하고 있다. 예전에는 혼자 벌어서 4

인 가정을 이끌었지만, 지금은 맞벌이를 해도 살림 꾸려 나가기가 벅차다. 보통 사람들의 생존이 위협받고 있는 것이다. 이러한 지옥에서도 꿋꿋이 술과 담배를 멀리하는 비중독자들에게는 찬사를 보낸다.

정 리

세상에서 금연처럼 쉬운 것은 없다. 나는 하루에도 열 번 이상 담배를 끊는다.

— 마크 트웨인(Mark Twain)

살기 위해 운동하라

과거 수만 년 동안 인류는 생존을 위해 끊임없이 움직여야만 했다. 낮이면 식량을 구하러 산속을 헤매야 했고, 밤이면 맹수를 피해 모닥불을 피워놓고 서로를 위해 보초를 섰다. 그렇게 수많은 세월 동안 인체는 운동을 통해 단련되도록 진화되어 왔다.

그러나 지금의 회사원들은 인생의 대부분을 앉아서 지낸다. 좁은 사무실 책상 앞에 앉아 고단한 업무로 지친 몸을 이끌다 보면 운동을 할 겨를이 없다. 그러는 동안에 팔과 다리는 점점 가늘어지고 배는 어느새 나오게 된다.

마쓰시타 고노스케는 건강의 중요성에 대해서 여러 번 말했다. 유능한 인재들이 격무 속에서 적응하지 못하고 회사를 떠나는 광경을 여러 번 지켜봤던 그였다. 아무리 뛰어난 재능이 있어도 건강을 해치면 업무를 진행할 수 없고 직장을 그만둘 수밖에 없다.

"주말에 운동을 하지 않으면 죽을 것 같다."

잦은 회식으로 인한 음주와 스트레스로 인해 늘어만 가는 흡연으로 지친 한 회사원이 실제로 한 말이다. 격무로 인한 노고 때문에 담배를 끊는다는 말은 차마 못하지만, 운동 없이는 회사생활을 지속할 수가 없다는 뜻이다.

인간은 하루 1만 보를 걸어야 하도록 신체가 세팅되어 있다. 일상생활을 하다 보면 하루 3천 보쯤은 걸으니 남은 7천 보를 더 걸어야 건강을 유지할 수 있는데, 직선거리로 치자면 5㎞ 정도 된다. 매일 출퇴근 시 지하철역 한두 정거장을 미리 내려 걸어가면 충분한 양이다. 정확한 계측을 위해서 스마트폰의 만보기 어플을 이용하면 금상첨화다. 무료 어플이 많이 있으니 이용하기 매우 편리하다.

주말엔 등산, 헬스 어느 운동이라도 좋으나 '**허벅지 근육**'을 강화할 수 있는 운동에 집중하는 것이 좋다. 근육은 인체가 보유하고 있는 에너지 저장공간이다. 근육 중에서도 허벅지 근육은 다른 근육보다 훨씬 더 많은 글리코겐(에너지 보유 물질)을 저장할 수 있다. 허벅지 근육이 두꺼운 사람이 당뇨병에 걸리지 않는 이유이다.

허벅지가 두꺼우면 많은 예비 에너지를 보유하고 있다는 뜻이므로, 같은 일을 하더라도 남들보다 피로를 느끼지 않게 해 준다. 주로 등산이나 계단 오르기, 헬스장에서의 하체운동을 통해 허벅지 근육을 기를 수가 있다.

만성피로를 호소하는 직장인 가운데서는 수면을 제대로 취하지 못하는 사람들이 많다. 살펴보면 올바른 베게 사용법을 잘 모르는 경우가 대부분이다. 베게는 목을 받쳐 주는 용도이지, 머리 전체를 받치는 용도가 아니다. 당신의 커다랗고 푹신한 베게는 장롱에 들여놓고 척추와 연결된 목뼈의 아름다운 C자 커브라인을 지킬 수 있는 목베게를 만들어 보자.

우선 수건 세 장을 준비한다. 한 장을 돌돌 말아 목베게의 중심 Core로 삼는다. 그리고 그 위에 남은 두 장의 수건을 차례로 말고 고무줄이나 띠를 묶어 고정한다. 그리고 취침 시 목에 베고 수면을 취하는 것이다.

이 목베게를 이용하면 뇌 혈류량을 증가시켜 뇌를 건강히 유지할 수 있게 된다. 보다 빠른 상황판단과 사고능력을 늘려 사내정치인들의 음모에 대처할 수 있는 방법을 빨리 생각해낼 수 있을 것이다.

정 리

시간이 없다 하지 말라. 톨스토이는 전쟁 중 참호 속에서 명작을 집필했다.

사내연애?
오피스 와이프가 답이다

솔로인 당신. 회사에 입사하자마자 레이더를 켜고 여직원을 탐색하기 시작한다. "회사 여직원들이 나를 너무 좋아하면 어쩌지?" 하는 말도 안 되는 걱정도 하면서 말이다. 누구나 한 번쯤은 꿈꾸는 비밀 사내연애. 그 속은 어떠할까?

당신의 기대에 부응하지 못해 미안한 마음이 있지만, 결론부터 말하자면 사내연애는 당신에게 그 유익함이 한 가지도 없다. 오히려 당신을 파멸의 구렁텅이로 넣을 뿐이다.

사내연애를 하다가 좋지 못한 이유로 헤어지기라도 한다면 결과는 최악이다. 회사 내에 적이 한 명 늘었다는 뜻이기도 하지만, 좁은 회사 안에서 마주칠 때마다 심리적으로 고통받을 수 있기 때문이다. 그렇지 않아도 격무와 비이성적인 회사 내 인간관계로 인해 스트레스를 받고 있는데, 그녀와의 신경전까지 벌일 여유는 없을 것이다. 당장이라도 다른 지역으로 발령받고 싶은 마음일 것이다.

사내연애를 성공적으로 진행하고 있는 당신이라면 어떨까? 그것 또한 그리 좋은 상황은 안 된다. 그녀는 이미 회사 남자들의 비밀(유흥, 여자관계 등)을 너무나 잘 알고 있기 때문이다. 처음 몇 년은 좋겠지만,

장기간 그녀의 감시망 아래에서 살아가기란 쉽지 않다(다른 여자직원들은 당신의 잘못을 그녀에게 알려주는 스파이 역할까지 충실히 해낸다!). 그녀들의 감시망 아래에서는 당신같이 자유로운 늑대는 살아갈 수 없다.

그렇다면 예로부터 강인한 울프의 정신을 이어 온 당신에게 돌파구는 없는 것일까? 굳이 회사 안에서 여성을 찾으려는 당신에게는 오피스 와이프[5]를 추천하겠다.

실제 아내보다도 더 많은 시간을 같이 보내는 오피스 와이프는 위험하지만, 교묘히 다루면 당신의 성공을 지원하는 든든한 지원군이 될 수 있다.

『시마 과장』은 일본의 만화가 히로카네 켄시(弘兼憲史)가 4년 동안 마쓰시타(현 파나소닉)에서 근무했던 경험을 바탕으로 그린 만화이다. '시마 과장(課長島 耕作)'은 하쓰바전기산업에서 근무하며 기업 간의 치열한 경쟁, 긴장을 놓칠 수 없는 내부파벌 다툼 등 여러 위험한 상황에서도 오피스 와이프들의 도움을 얻어 승진을 거듭한다.

여러 여자와 짧은 관계를 지속해 나가는 시마이건만, 그에게는 한 가지 원칙이 있었다. 그것은 **그 어떤 여자와도 깊은 관계에 빠지지 않는 것**이다. 회사 안의 한 여자에게 깊이 빠지는 순간 인간의 감정적인 측면을 조절하지 못해 결국은 파멸에 이르게 되기 때문이다. 실제로 이를 제대로 컨트롤 하지 못해 좋지 못한 일에 휘말리는 사람들이 존재한다.

---

5 오피스 와이프: 실제 부부나 애인 관계는 아니지만, 직장에서 아내보다 더욱 친밀한 관계를 유지하는 여성 동료를 일컫는 말.

오피스 와이프: 나쁜 사례

2010년 말, 여의도 증권가에서 흘러나온 정보지(일명 찌라시) 한 장이 세간을 뜨겁게 만들었다. 국내 최고를 다투는 한 대기업에서 임원과 비서가 부적절한 관계임이 밝혀져 모두 퇴사를 당했다는 루머였다. 너무 깊은 관계까지 빠져 버린 그들은 수년간 내연관계로 발전시키다가, 임원의 부주의로 아내에게 모든 일이 발각이 되면서 그들의 몰락이 시작됐다. 남편이 퇴사를 해서 퇴직금을 받는다면 이혼 시 받을 수 있는 위자료의 금액이 커지기 때문에 임원의 부인은 대기업 본사까지 찾아와서 홍보실 직원들을 괴롭혔고, 결국에 당사자 모두 퇴사를 하는 쪽으로 가닥이 잡혔다고 한다.

오피스 와이프: 좋은 사례

필자의 지인 중 한 명은 다른 팀 여직원과 친해져 술자리를 자주 가져왔다고 한다. 한 번은 회식 후에 술에 취해 정신을 잃었었는데 깨어나 보니 호텔방에 있었다고 한다. 그녀와 그는 모두 발가벗은 채로 껴안고 있었다. 지난밤에 무슨 일이 있었는지 술 때문에 도무지 기억이 나지 않았지만, 일단 상황을 판단해서 서로 깊은 관계에 빠지지 않도록 노력했다고 한다. 그러고 나서 그녀와 그는 서로의 성공을 위해 정보를 주고받으며, 서로에게 지나치게 빠지지 않는 Win Win 관계를 이어 갔다고 한다.

외국의 경우에도 회사 내 불륜은 심각하게 받아들여진다. 세계적인 금융회사들은 사내 로맨스를 사실상의 배임행위로 보고 엄격히 금지하고 있으며, 항공기제작업체로 유명한 보잉(Boeing)은 CEO가 여성임원과 불륜에 빠지자 가차 없이 그를 해고한 적도 있다.

불륜을 남의 눈에 띄지 않게 몰래 지속하면 모르지만, 험난한 회사생활에서 그런 사소한 것에 주의를 기울이는 것은 또 하나의 스트레스가 될 수 있다. 그냥 **잘 모르겠으면 애초에 하지 말자**. 오피스 와이프 없이도 당신은 충분히 성공할 수 있다. 꼭 해야 한다면 절대 깊은 관계에 빠지지 않도록 주의하자.

정 리

어머니가 소년을 남자로 만드는 데는 20년이란 세월이 걸리지만, 여자가 남자를 바보로 만드는 데는 불과 20분도 채 걸리지 않는다.

— 미국 시인, 로버트 프로스트 (Robert Frost)

제 5 부

마무리

人 : 사람 인

경제학의 기본이론 중 수요와 공급의 원리가 있다. 수요에 비해 공급이 많으면 상품의 가치가 떨어지고, 반대로 수요에 비해 공급이 적으면 상품의 가치가 올라간다는, 학교에서 누구나 한 번쯤은 배웠을 기본이론이다.

하지만 문제는 이 수요와 공급의 원리라는 것을 신성한 사람의 가치에 적용할 때 생긴다. 한 가지 예를 들어보자. 구직시장에 구직자가 넘쳐나면 취업을 해도 근로가치에 턱없이 부족한 급여를 받기 마련이다. 문과 전공의 경우 구직난은 더욱 심해진다. 내가 아는 한 사람은 이른바 SKY라는 명문대학의 인문계열 학과를 졸업했다. 이 나라의 수재라고도 할 수 있는 그였지만 전공을 살려 취직하기는 쉽지 않았다. 결국 그는 연봉 2,400만 원에 어린이를 대상으로 책을 판매하는 출판사에 들어갔다.

'그건 인신매매다'

연봉 2,400만 원이면 서울에서 원룸 하나 얻어 살기에도 빠듯하다. 이 나라 직장인들은 생활비를 담보 잡혀 정당한 대가를 받지 못하는, 현대판 인신매매를 당하고 있는 것이다. 사장 혼자 모든 이익을 독식

하는 구조는 사회적으로 의미가 없는 방식이다. 人의 가치에 대한 사람들의 인식이 바뀌어야 경제학 논리를 人에 적용하는 것을 거부할 수 있다.

물질이 지배하는 한국. 단순히 돈만 많은 남자와 한 침대에 기어드는 것에 흥미를 느끼는 여자도 있을지 모르는 지금의 세상. 만일, 20년 뒤 人의 가치에 경제적 이론을 들이밀지 않는 사회가 출현한다면, 사람들은 공감을 던져 줄까?

그곳에는 연봉 2,400만 원의 인신매매 피해자가 있고, 화이트칼라를 가득 실은 2400호 지하철이 달리고, 가난한 손으로 쓰인 2400을 위한 소설이 지하철에서 읽힐 것이다.

유난히도 추웠던 그 겨울의 어느 날. 구름 사이로 비쳐드는 햇빛이 거리를 뒤덮은 어두운 회색을 걷어내기 시작할 때, 그래도 희망이 있지는 않을까 생각했다.

*

서울시 중구 남대문로5가 모 외국계 회사 임원의 사무실.

"한 2,500에 공고 내 봐. 많이 지원할걸? 요즘 취직하기 어렵잖아?"

퇴사자 A의 체념

그때 난 스물아홉이었다. 어렵사리 취직하고 세 번의 급여를 받았다. 희망을 몇 개쯤 불태우고 고통이 몇 개쯤 지나갔을 때, 나는 친구의 말을 곱씹어보고 있었다.

친구가 말한 인간의 가치는, 적어도 내가 다니는 직장에서는(아마, 대부분이 그러하겠지만), 충분히 무시되고 있었다.

나의 급여명세서. 기본급 등을 제외하고 식대 등 기타 수당이 빼곡히 적혀 있다.

"야근에 대한 보상은 지급되지 않는군…."

서류의 복잡한 항목 중 야근에 대한 기록은 없다. 있다 하더라도 하루 한두 시간 정도로 계산되어 있거나(장담하건데 당신은 이보다 훨씬 오랜 시간 일한다), 저녁 식대 오천 원쯤 추가된 것이 전부일 것이다.

미국이나 독일의 경우 엄격히 근로시간을 매일 체크하여 시급 기준으로 급여를 계산한다. 한국의 경우엔 일부 대기업 생산직에 한해 실시된다. 그리고 미국에서는 근로자가 하루 8시간 이상 근무하게 되면 그 초과분에 대해서 1.5배의 시급을 지급하게 되어 있다.

나는 급여명세서를 보며 속이는 사회를 생각한다. 분명, 우리나라

법에도 야근에 대한 보상이 있을 텐데, 그러나 아무도 이를 따르지는 않는다.

급여명세서를 찬찬히 뜯어보면(물론 이상한 점이 한두 개도 아니겠지만), 급여액이 다달이 다른 것을 알 수 있다. 처음 두 달은 적은 액수이고, 마지막 한 달은 큰 액수인 급여가 지급된다.

단순히 연봉을 12로 나누어 매달 지급하면 계산도 더 쉽고 간단하지 않을까? 본사 회계팀에 급여의 계산방법을 묻는다면 이 내역이 어떻고 저쩌고 하는 괴변만 늘어놓을 것이다.

이 문제에 대해 직관적이고도 단순한, 그러면서도
명료한 한 문장의 답변을 원한다면 다음과 같다.
회사는 당신이 일한 대가를 일찍 주기 싫은 것이다.

예를 들어, 여기 수만 명의 근로자가 있는 대기업이 있다. 회계팀에서는 직장인들에게 지급되어야 할 임금의 일부를 떼어 회사 명의의 통장에 한두 달 넣어둔다. 그리고 세 번째 급여일이 되면 일시에 급여로 지급한다.

이때, 회사 명의의 통장에서 발생하는 이자소득은 누구에게 돌아가는가? 회사는 당신에게 이미 돌아가야 했을 이자소득을 빼앗고 있는 것이다. 몇 달 정도야 이자가 얼마나 된다고 하겠지마는, 그 규모가 수천, 수만 명에 이른다면 이는 결코 무시할 수 없는 금액이 된다.

이자소득과는 별개로 여러분은 퇴직을 할 때에도, 일정 금액 이상의 급여를 떼이게 된다. 이직을 위하여 정확히 모든 급여를 온전히 받을 수 있는 세 번째 달에 맞추어 퇴직을 하기는 힘들다. 그러면 당신이 일한 정당한 대가는 합법적으로 지급되지 않는다.

이직이 자유로운 시대에서 회사가 살아남는, 좀 더 당신의 호주머니를 줄이는 그런 방식. 그런 세계에 살고 있다.

회사에서는 이를 '리스크 관리'라고 부른다.

*

나는 내가 바라지 않는 방식으로 회사를 나왔고. 그리고 나선 기회가 있을 때마다 악몽은 나에게로 왔다.

기억하는 악몽의 모습은 명확하지 않다. 마치 어린아이가 자기 주위의 정경을 어느 정도 논리성을 갖춘 것으로 목격하고 인식할 수 없듯. 꿈에서는 모든 정경이 이해 불가능한 카오스로 눈에 비칠 뿐. 세계는 뚝뚝 떨어지는 점액질마냥 흐물거리고, 골격을 갖추지 못해 어디도 붙잡을 데가 없다. 그것은 해마 속에 기억으로 형성되는 일 없이 그저 창밖을 스쳐 지나간다. 고작 회사 따위 한 번 내팽개쳐졌다는 하찮은 실패가 어떤 의미를 가지는지 다른 이들은 쉬이 판단할 수 있을 리 없다.

어쩌면 그건 그저 거짓된 기억인지도 모른다. 모든 것은 나의 의식이 어떤 목적이나 의도를 가지고 마음대로 지어낸 것이 아닐까. 그 가능성에 대해서도 나는 충분히 고려했다. 하지만 꿈은 너무나 선명하고 깊은 설득력을 갖고 있다. 그곳에서의 두근거림. 그것의 실재감은 압도적이어서 도저히 거짓이라 생각할 수 없다. 시간으로 치면 오 분 남짓. 시작은 아무 징후도 없이 찾아온다. 알아차렸을 때는 이미 그것은 내 앞을 가로막고, 내 몸은 굳어져 움직일 수 없다. 공기는 희박해져서 숨을 쉴 수 없고 거대한 구름이 나의 비행기를 서서히 삼켜버린다. 눈을 뜰 수가 없다. 눈꺼풀은 열 수 없고 익숙한 구름의 영상만 몇 번이고 머릿속에 떠오른다. 온몸 구석구석에서 땀이 솟는다. 온몸이 가늘게 떨리고 심장박동이 빨라지고 소리가 커진다.

*

나는 갑자기 몹시 배가 고팠다. 뭐라도 좋으니 뭔가 마구 먹고 싶었다. 급하게 끼니를 때운 후 밖으로 나섰다. 나는 하염없이 걸었다. 터벅터벅, 터벅터벅, 발걸음을 옮긴다. 평소보다 무거운 산책.

만일, 이라고 나는 생각한다. 만일 공정한 사회가 보편화되면, 사람들이 나의 생각을 인정해 줄까? 아니, 그들은 공정한 사회 따위는 전혀 필요로 하지 않을지도 모른다. 정부도, 회사원들도, 대학생들도.

그들은 오히려 절대 변하지 않는 스테인리스로 만든 캔 같은 것을 만들어 그 안에 들어가 조용히 살아가길 원할지도 모른다. 그런 깡통들이 수천만 개쯤 늘어서 있을 터.

만약 그 세계에 깡통을 열고 나온 소수의 사람들이 있다면, A는 그때 더 나은 사회를 논할 것이다.

정 리

갑(甲)은 비겁하다.
을(乙)은 고단하다.
병(丙)은 억울하다.
다만, 백수인 정(丁)만은 자유롭구나.

고운 최치원

고운(孤雲) 최치원(崔致遠)은 신라 말기 하급관리인 6두품 집안에서 태어났다. 신분상의 한계로 고위직에 오를 수 없었던 최치원은 12세의 나이로 당나라로 유학을 떠난다. 남이 백을 하면 자신은 천을 하겠다는 인백을천(人百己千)의 마음으로 열심히 유학에 정진한 결과, 당나라에서 외국인을 대상으로 열었던 빈공과(賓貢科)에 18세의 나이로 당당히 장원급제하게 된다.

당나라에서의 성공을 뒤로하고 885년 헌강왕이 재위할 무렵 최치원은 조국으로 돌아온다. 여러 왕들의 총애를 받은 최치원은 아찬 관등에 올라 시무 10여 조를 포함한 여러 개혁책을 쏟아냈으나, 기존 진골 귀족 세력들의 반발로 모두 실패할 수밖에 없었다. 이후 권력에서 밀려난 최치원은 지방의 한직에 머물게 된다. 결국 6두품이라는 신분의 한계를 이길 수 없었던 최치원은 궁예의 후고구려와 견훤의 후백제가 들고 일어서는 난세를 등지고 신라 각지를 유랑하다가 홀로 절에 들어가 남은 생을 마치게 된다.

작금의 상황도 최치원이 살았던 신라 말기와 비슷하다. 지금의 젊은이들은 그 어느 때보다도 능력이 출중하다. 그 어느 세대보다도 많이 배웠고 또 많은 준비를 하였다. 단군 이래로 많은 젊은이들이 전공지식은 물론이고 외국어에 능통했던 적은 한 번도 없었다.

높은 실력에도 불구하고 이 땅의 젊은이들이 제대로 된 대접은 못 받고 있는 것이 현실이다. 오늘날의 많은 인재들은 비정규직이라는 한계에 부딪혀 앞으로 나아가지 못하고 있다. 정규직으로 입사해도 정년을 채우기란 불가능에 가깝고, 회사에서의 격무는 우리를 지치게 만든다. 그리고 그런 사회는 우리에게 갑을(甲乙)관계의 진수를 가르친다.

*

오늘날의 최치원을 꿈꾸는 그대들은 이 난세에서 꼭 성공하기를 바랍니다.

만약에 신이 있다면

"만약에 신이 있다면, 그건 아주 못돼 먹은 놈일 거야."

십자가나 불상을 볼 때마다 과연 신으로 산다는 건 어떤 기분일까 하는 생각이 듭니다. 그들은 무엇 때문에 이 세상같이 암울한 곳에 저런 성스러운 모습을 하고 있는 걸까요?

하지만 뭐, 그런 건 아무래도 상관없습니다. 그리 큰 문제가 아니지요. 적어도 이야기의 본론과는 관계없는 일입니다. 아무튼 성스러운 성인들을 바라보는 사이 어느새 이 책도 마무리 지을 때가 다가왔습니다. 맺음말을 무척 쓰고 싶군요. 어쩌면 이상하게 생각할지도 모르겠군요. 뜬금없이 신이라니. 이 책의 주제와 신 사이에 대체 무슨 관계가 있는데, 하고요.

하지만 그런 건 신경 쓰지 않는 편이 좋습니다. 이 책의 내용과 신 사이에는 눈길을 끌 만한 명백한 상관관계가 있는 건 아닙니다.

말하자면 이런 이야기입니다.

어떤 종교를 믿든, 혹은 종교가 없더라도 신이 존재함을 믿는 것은 자유입니다. 여기서 한 가지 흥미로운 가정을 도입해 봅시다(이 장에서는 어떠한 종교도 비하할 뜻은 없습니다).

만약에 신이 실제로 존재한다면, 현대사회의 이 암울한 현실은 어떻게 설명이 가능할까요? 현실은 명백한 지옥입니다(신이 어떤 가르침을 주려고 세상을 이렇게 고통스럽게 만들 수도 있습니다).

여기서 우리는 한 가지 더 생각해 볼 것이 있습니다. 정말로 어렵게 사는 사람들이 착취당하는, 그런 지옥의 모습이 흔한 사회라면 우리는 어떤 방식으로 그들을 도울 수 있을까요?

외국의 경우 봉사단체들은 급식지원을 할 때, 봉사참가자들이 노숙자들과 같은 테이블에서 같은 음식을 먹습니다. 한국의 경우처럼 봉사참가자들이 아랫사람에게 베푼다는 식으로 밥만 퍼주고 따로 좋은 식당에 가서 식사를 하지 않습니다. 정치인이나 일부 봉사단체들의 밥을 퍼주는 그런 특정한 행위(성인의 모습이 아닌, 윗사람이 베풀어 준다는 식의 그런 고압적인 태도. 자신은 노숙자와 지위가 다른 고귀한 존재라는 것을 은연중에 암시하는)가 그다지 올바른 행동은 아닌 것 같습니다.

노숙자들에게 밥을 퍼주는 순간을 카메라로 포착하는 것. 그들이 할 수 있는 건 그뿐입니다. 순간을 포착해 기념사진을 찍어두는 것이죠. 앞줄 왼쪽부터 몇 번째가 바로 나다. 그러니 나는 이렇게 베풀 줄 아는 선한 사람이다. 그리고 이런 사진 따위를 정성껏 모아 훗날 자신의 이익을 위해 악용하겠죠.

진정 남을 도울줄 아는 자는 도와주는 위치라는 그런 높은 위치에서 스스로 내려와서 도움받는 사람들과 같은 위치에 서야 합니다. 노숙자나, 우리들이나 인간적 가치는 100% 동일합니다.

언제부터 이 나라 사람들이 남의 불행에 관대해졌는지는 모를 일이겠습니다만, 혼자만 잘살면 무슨 재미가 있습니까? 한때 위대했던 이 나라가 언제부터 이렇게 되었는지…. 잃어버린 이 나라의 국민성을 다시 찾아야 합니다.

2011년, 일본 후쿠시마 핵발전소 사고 직후 국내 항공사의 일본노선엔 신입승무원이 주로 탑승하였습니다. 이른바 고참 승무원들이 힘없는 신입직원들을 강력한 방사선 물질이 가득할지도 모르는 후쿠시마 노선(센다이공항)으로 보내버린 것이죠. 어려울 때일수록 경력자들이 희생해서 앞장서는… 아니, 최소한 원래의 근무 스케줄대로 탑승할 수는 없었을까요? 그중 하나라도 순서가 어긋나지 않았다면 제가 이런 글을 쓰지는 않았겠지요.

제가 마지막으로 더 부탁드리고자 하는 것은, 그리 거창한 그런 것은 아닙니다. 종교적인 이유로, 혹은 세속적인 이익을 위해 남을 돕지 말고, 인간으로서 같은 인간을 아무 이유 없이 돕자는 겁니다. 신이 두려워서가 아니라, 신이 시켜서가 아니라, 천국에 가야 하기 때문이 아니라, 대가를 원하지 않는 그런 마음으로 도울 수 있어야 진짜 돕는 거 아닌가요?

이 땅에서 어렵사리 생존하고 계신 우리 위대한 회사원님들께 고합니다. 회사라는 조직에 속해 있으면서 언젠가는 당신도 '갑'의 위치에 서는 경우가 있을 겁니다. 그때 '을', '병', '정'님들에게 조금만 더 따뜻하게 대해 주세요. 당신이 그렇게 막 대하는 '을'의 위치에 누군가의 귀한 아들딸들, 동생, 부모님이 고통받고 있을 수 있습니다.

*

공자님이 쓴 『논어』를 보면 사(使)와 야(野)의 개념이 나옵니다. 사(使)는 글의 내용보단 아름다운 표현을 중시하는 것을 뜻하고, 야(野)는 표현보단 알맹이 있는 내용을 중시하는 것을 뜻합니다. 공자님은 사(使)보다는 야(野)가 낫다고 하였습니다. 비록 맺음말에서는 필자의 감정이 지나쳤지만, 적어도 이 책의 본론에서는 내용을 중시하는 야(野)에 충실하도록 노력하였습니다. 화려하고 장식적인 문체보다는 합리적이어서 독자분들이 쉽게 이해하고 응용할 수 있게 하였습니다. 거칠고 직설적인 문체를 감수하더라도 독자분들께 전달하고자 하는 뜻을 온전히 새기는 데 집중하였습니다.

시대가 각박할수록, 더 힘든 옛날에 살았던 현인들의 지혜를 빌려오는 것이 정답이라고 생각했습니다. 환경이 황폐해지면, 생존을 위해 인류는 독해져야 합니다. 춘추전국시대의 현인들이 그랬고, 혼란한 유럽의 마키아벨리가 그랬습니다. 악마의 책을 쓰려 한 건 아닌지 조금 후회가 되기도 합니다.

지금으로부터 수십 년이 지나면 인공지능(AI)이 개발되어 그나마 인력이 필요했던 사무직도 자동화가 된다고 합니다(생각보다 머지않은 미래일 수도 있습니다). 현장의 생산직이야 이미 로봇화를 시도한 지 오래지요. 그때는 일자리 개념보다는 국가에서 기업으로부터 세금을 걷어 국민들에게 공평하게 나누어주는 완전평등(?)의 시스템이 도입되지 않을까 하는 황당한 생각도 해봅니다(빈부의 격차가 없는 그때는 국가의 브랜드가 소득의 척도가 됩니다). 국민이 더 이상 생산을 하지 않는 일자리 없는 그런 세상은 어떤 사회일까요. 한 가지 확실한 건, 그때는 당신에게 이 책의 지식이 필요 없을 것이란 겁니다. 그런 세상이 왔으면 좋겠습니다.

이 책을 통해서 당신의 성공에 조금이라도 도움이 되기를 기원하겠습니다. 그럼, 이상으로 지옥에서 맺음말을 마칩니다.

사고하는 사람들 올림